La Guerre Européenne & Le Problème Colonial...

Henri Hauser

2ᵉ ÉDITION

LA GUERRE EUROPÉENNE

&

Le Problème Colonial

PAR

HENRI HAUSER

Professeur à l'Université de Dijon

Correspondant de l'Institut

LIBRAIRIE CHAPELOT

1915

Le Problème |Colonial

PRINCIPAUX OUVRAGES DE H. HAUSER

François de la Noue, 1892 (Hachette), 1 vol. in-8° . .   5 fr.

Le voyage de Levant du Ph. du Fresne-Canaye, 1572-1573, 1897 (Leroux), 1 vol. in-8° . . . .   25 fr.

Ouvriers du temps passé, XV°-XVI° siècles, 1899 (Alcan), 4° éd., 1913. 1 vol. in-8° . . . .   6 fr.

Colonies allemandes, impériales et spontanées, 1900 (Nony), 1 vol. in-16 . . . .   2 fr. 50

L'or, 1901 (Nony), 2° éd. 1907. *Couronné par l'Académie française* (prix Montyon), gr. 1 vol. in-8° . . . .   10 fr.

L'enseignement des sciences sociales, 1903 (Chevalier-Maresq). *Couronné par l'Académie des sciences morales* (prix Audiffred) 1 vol. in-8° . . . .   7 fr.

L'impérialisme américain, 1905 (éd. de *Pages libres*), 1 vol. in-16 . . . .   1 fr. 50

La patrie, la guerre et la paix à l'école, 1905 (Cornély), 1 vol. in-16. . . . .   1 fr.

Les sources de l'histoire de France au XVI° siècle, 1906-1915 (A. Picard), 4 vol. in-8° . . . .   5 fr.

Les compagnonnages d'arts et métiers à Dijon aux XVII° et XVIII° siècles, 1907 (A. Picard), 1 vol. in-8°. . . .   4 fr.

Études sur la Réforme française, 1909 (A. Picard), 1 vol. in-12 . . . .   3 fr. 50

Le traité de Madrid et la cession de la Bourgogne à Charles-Quint, 1912 (A. Picard), 1 vol. in-8°. . . . .   4 fr.

2ᵉ ÉDITION

LA GUERRE EUROPÉENNE

&

Le Problème Colonial

PAR

Henri HAUSER

Professeur à l'Université de Dijon
Correspondant de l'Institut

PARIS

LIBRAIRIE CHAPELOT

MARC IMHAUS ET RENÉ CHAPELOT, ÉDITEURS
30, Rue Dauphine, VIᵉ — (Même Maison à NANCY)
1915

Copyright by Marc Imhaus et René Chapelot 1915.

INTRODUCTION

Dans la soirée historique (1) du 29 juillet
dernier, le chancelier de l'Empire allemand
offrit à Sir Edmund Goschen, comme prix de
la neutralité britannique, l'assurance que l'Allemagne victorieuse ne ferait pas d'annexions
territoriales aux dépens de la France. « Je posai
à Son Excellence, écrit l'ambassadeur anglais,
la question des colonies françaises, et il me dit
qu'il était hors d'état de prendre un semblable
engagement à cet égard ».

Ainsi se trouvait révélé, par ce silence même
(2), le rôle joué dans la conflagration euro-

---

(1) Et non « dans la nuit », comme l'ont dit plusieurs écrivains
français. L'original (*Great Britain and European crisis*, n° 85)
dit « to-night ».

(2) C'est bien ainsi qu'il est interprété, le 30 juillet (*ibid*. n° 101)
par Sir Edward Grey.

péenne par les ambitions coloniales de l'Allemagne. Le 4 août, le *Gœben* et le *Breslau* bom-
bardaient Bône et Philippeville, dans le double
espoir de troubler les opérations de transport
du xix⁰ corps et de soulever contre nous les
indigènes musulmans. A travers la France,
d'ailleurs, c'est l'Angleterre que l'Allemagne
entendait viser. Aux premiers jours de septembre, au moment où elle nous croyait réduits à
sa merci et définitivement vassalisés, ne nous
engageait-elle point, pour prix d'une paix immé-
diate, à nous faire les instruments de ses rancunes et de ses convoitises contre l'Empire britannique? Un de ses politiciens (1) nous propo-
sait une entente, notamment « pour *le Congo
ci-devant belge*. Aucun Allemand, ajoutait-il, ne
peut souhaiter que la France cesse d'être une
puissance coloniale, car tout ce que la France
abandonnerait deviendrait une pomme de dis-
corde entre Allemagne et Angleterre. Et nous
ne sommes pas assez forts pour gouverner tout
le monde colonial non anglais. » La France,
amputée de quelques parties d'un empire trop

(1) Friedrich Naumann, *Der deutsche Krieg (Politische Flugschriften)*, Berlin, 1914. Voy. *Revue du Mois*, mai 1915.

grand pour elle, aurait été déléguée par l'Allemagne à l'administration du reste.

Hier encore M. Dernburg, ancien ministre des colonies, entre autres conditions de l'évacuation de la Belgique, posait les suivantes : « Politique de la porte ouverte en ce qui touche les colonies, de façon que le commerce allemand avec les colonies des autres empires, et spécialement de l'Empire britannique, ne puisse être entravé par des tarifs préférentiels. — Restitution à l'Allemagne de ses colonies pour qu'elles puissent servir de déversoir à sa population croissante. — Liberté complète accordée à l'activité allemande le long des voies actuellement ouvertes en Asie-Mineure et en Afrique ».

Mais le plan Dernburg parut bien vite trop timide à l'avidité germanique. Et voici que le Comité directeur du parti national-libéral transmet au chancelier, dans une forme quasi-impérative, le vœu suivant : « Le domaine colonial de l'Allemagne devra subir un accroissement correspondant à l'étendue et à l'importance des intérêts commerciaux de l'Allemagne ».

A travers ces variations de la politique

allemande circule une même pensée, celle qu'exprimait déjà, en 1899, le géographe Kurt Hassert : (1)

« Lorsqu'on a fait le partage du monde, il n'existait pas encore une puissante Allemagne, qui aurait pu dire son mot. Et lorsqu'il y eut une puissante Allemagne, le monde était presque complètement partagé ».

Rattraper d'un seul coup le temps perdu, permettre « au peuple allemand de s'élargir en ce monde, de chercher au soleil la place, disent les pangermanistes, que lui ont assignée son droit et sa destinée » (2), ce désir a été l'une des causes profondes de la grande conflagration (3).

---

(1) *Deutschlands Kolonien*, p. 242.

(2) Discours de von Heydebrandt au Reichstag, en 1911, à propos du discours de Lloyd George du 21 juillet.

(3) Au moment de faire partir ces pages pour l'imprimerie, je lis l'article de M. Chr. Schefer, *La politique coloniale allemande et le conflit européen (Revue des sciences politiques*, 15 avril, p. 96-115). J'y retrouve, sous une forme concise, quelques-unes des idées que j'ai voulu exprimer ici, et notamment celle-ci que la question coloniale est « un des facteurs du conflit présent ».

CHAPITRE I

LA QUESTION COLONIALE
ET LA POLITIQUE EUROPÉENNE

Les colonies dans les guerres du passé. — Comment se pose le problème colonial dans le temps actuel. — Les colonies dans les guerres du présent.

Les colonies dans les guerres du passé. — La guerre actuelle n'est pas la première dans laquelle les questions coloniales aient joué un rôle très important. Depuis qu'à la fin du xve siècle les Européens ont commencé d'essaimer à travers le monde, la domination politique et économique des terres d'outremer a été l'un des objectifs de la diplomatie et de la stratégie européennes. Les Anglais d'Elizabeth et les Espagnols de Philippe II se sont battus pour la possession des précieux minerais que transportaient les galions. Les Provinces-Unies ont fait la guerre pour les épices, la France et l'An-

gleterre pour les morues de Terre-Neuve, pour
les castors du Canada, pour les mousselines et
les pierreries de l'Inde. Depuis quatre cents ans
on peut compter les grandes guerres européennes dont le théâtre s'est limité à l'Europe
même, les grands traités où ne figure aucune
clause coloniale.

Avant le milieu du xviiie siècle, il est vrai, les
colonies ne tiennent dans les préoccupations
des hommes d'Etat qu'une place secondaire, ou
même accessoire. Les guerres éclatent en Europe, pour des motifs européens, et c'est d'abord
l'équilibre des forces dans l'Europe même que
les Congrès et les Conférences se donnent mission de modifier. Dans cette revision des valeurs
politiques auxquelles se livrent les diplomates,
les colonies ne figurent qu'à titre d'appoint, de
menue monnaie : un morceau d'Acadie ou
de Louisiane est cédé en compensation d'une
position stratégique aux Pays-Bas ou sur le
Rhin.

La guerre de la Succession d'Autriche est sans
doute la première dans laquelle les pays d'outremer soient apparus comme des éléments
essentiels. Il importait assez peu au ministère
anglais de savoir si Charles VII de Bavière ou
François de Lorraine ceindrait au Rœmer de

Francfort la couronne du Saint-Empire; il lui importait beaucoup de savoir si les colons de la Nouvelle-Angleterre pourraient, au delà des forêts alleghaniennes, s'étendre à travers l'immensité des prairies de l'Ouest, si les marchands de Madras exploiteraient les richesses de l'Inde, ou bien les marchands français de Pondichéry. C'est sur les rives de l'Ohio, c'est sur la côte de Coromandel que commence la guerre de Sept ans. Ce sont guerres pour la maîtrise des mers, pour la domination de la planète. Nos politiciens ne le voient pas toujours. Ils répondent aux défenseurs du Canada : « Quand le feu est à la maison, on ne s'occupe pas des écuries. » Ils ne veulent regarder que le théâtre westphalien. Mais le grand événement du temps, ce n'est pas Rosbach, c'est le traité de Paris.

Comment se pose le problème colonial dans le temps actuel. — Depuis 1763, la terre s'est encore élargie. De nombreux territoires, qui figuraient sur les cartes anciennes comme *terrae incognitae*, se sont ouverts à l'activité européenne. De nouveaux éléments ont pris place dans notre consommation quotidienne, que l'Europe ne produit pas ou produit peu. Les économistes se sont souvent fait un jeu de dénombrer les denrées ou matières exotiques qui figurent sur nos tables — riz, café, thé, cacao, fruits tropicaux ou subtropicaux, — qui entrent dans la composition de nos vêtements — coton, soie, jute ou ramie, — qui sont indispensables, tel le caoutchouc, à certaines de nos industries. Il est loin le temps où les colonies étaient essentiellement les pays de l'or, des fourrures et des épices.

Il est même arrivé ceci : à mesure que la colonisation, d'abord attirée surtout par les régions voisines de l'équateur, s'est étendue, au Nord et au Sud, vers les hautes latitudes, vers des régions dont le climat rappelle celui de l'Europe occidentale et centrale, les pays d'outremer se sont mis à fournir au vieux monde des produits similaires des nôtres. Ces produits, le sol européen n'arrivait plus à les donner, malgré une extraordinaire augmentation des rendements, en quantité suffisante pour une population dont la puissance d'accroissement était plus considérable encore. Cette population a crû beaucoup plus rapidement que ne le prévoyait Malthus : si elle a pu éluder les conséquences de la terrible loi, c'est en partie parce qu'elle a trouvé, hors de chez elle, de nouveaux champs et des fermes nouvelles. Grâce à la substitution aux anciens moteurs — vent, eau courante, homme ou animal — d'un moteur dix fois plus puissant, l'activité industrielle, c'est-à-dire le besoin de matières premières, s'est accrue plus vite encore que la population, c'est-à-dire le besoin de denrées. Là encore, ce sont les terres neuves qui ont comblé le déficit.

Pour une denrée alimentaire, le sucre, les colonies ont perdu leur monopole. Nous aurions conservé ou reconquis la « perle des Antilles » que Saint-Domingue, — comme en fait Cuba, Java, les Hawaï — serait peu de chose en face de l'Allemagne de l'Est. Notons cependant que la betterave elle-même devient une plante « coloniale » aux États-Unis ; elle y a sa zone, au nord de la zone de la canne à sucre. Et pour les autres denrées, s'imagine-t-on ce que serait le peuple anglais privé de blé canadien, australien, argentin ? Lors du grand jubilé de 1896, on voyait s'élever à l'entrée de la Cité un arc de triomphe fait d'épis de blé, où des épis de maïs traçaient ces mots prestigieux : *Canada, Great Britain's granary*. Cet arc était un symbole, et ces mots un programme. Ils proclamaient la mort du dogme anticolonial des manchestériens.

Au blé d'outremer s'ajoute la viande d'outremer : bœufs et moutons pâturent dans la Pampa, pour que Londres mange à sa faim. Artevelde ne dirait plus que l'activité drapière des Flandres est fondée sur les laines anglaises! Qu'adviendrait-il d'un Etat européen quelconque, même d'un des plus petits, même du moins maritime, même de la Suisse, si on lui coupait ses communications avec les pays extra-européens; une Suisse sans cacao, sans blés d'Amérique, sans coton, sans soies grèges d'Extrême-Orient, etc.? (1)

L'accroissement sans précédent de la population européenne a eu d'autres conséquences encore que l'installation au delà des mers, et parfois aux antipodes, de champs de céréales, de troupeaux de moutons, de plantations de coton ou de tabac. Même avec le surcroît de nourriture ou de matières qui leur arrivaient des terres lointaines, les Européens se sont, en Europe, sentis à l'étroit. De là le phénomène grandiose de l'émigration, l'un des phénomènes typiques de l'histoire du xixe siècle (2). De 1820 à 1900, c'est peut-être 30 millions d'hommes qui ont quitté la vieille Europe. Ce mouvement n'a

(1) On sait le rôle joué cette année par Marseille, par Bordeaux, par Gênes, dans l'alimentation et la vie industrielle de la Suisse.

(2) Voir Gonnard, l'*Émigration européenne au XIX* siècle, où le phénomène n'est d'ailleurs étudié que par fragments.

pas différé des anciennes émigrations seulement en degré, mais aussi en nature. L'émigration d'ancien régime était surtout une émigration de planteurs ; il n'y a guère que le Canada et la Nouvelle-Angleterre qui nous présentent alors le type des colonies de peuplement. Dans le monde moderne, le type des colonies à planteurs n'a pas disparu, puisqu'une partie importante du domaine européen d'outremer est situé dans la zone tropicale, mais le phénomène du « peuplement blanc » est devenu un phénomène universel.

Or ce phénomène s'est produit dans des conditions très diverses. Le flot s'est parfois déversé sur des terres vides, ou bien que la disparition spontanée ou provoquée des races indigènes avait vidées. Ailleurs il s'est trouvé en contact avec des populations douées d'une grande capacité de résistance, ailleurs même avec des populations de souche européenne préexistantes.

De là l'infinie variété des réalités sociologiques que nous rassemblons sous ce vocable unique de colonies. Colonie, un poste stratégique et commercial comme Kiao-tchéou ; colonie, une forêt à caouchouc de l'Afrique centrale ; colonie, un pays de domination et d'exploitation comme l'Inde ou l'Indochine ; colonie encore une société mixte, européo-musulmane, comme l'Afrique du Nord; colonies aussi les puissants États constitués par de purs Anglo-Saxons en Australasie, par des Anglo-Français au Canada, par des Anglo-Boers en Afrique du Sud (1). En dépit de la pauvreté de nos langues, il s'agit d'espèces sociales très différentes, et cette diversité explique la diversité croissante des intérêts coloniaux, le rôle croissant des préoccupations coloniales dans la politique des Etats européens.

Les colonies dans les guerres du présent. — La guerre de 1870 est probablement la dernière grande guerre européenne où les questions coloniales n'aient joué aucun rôle, parce que l'un des adversaires ne possédait pas alors un pouce de terre extra-européenne. Encore fut-il un instant question, en 1871, de faire entrer des colonies dans le calcul de l'indemnité de guerre : les Hanséates pensaient à la Cochinchine, à Pondichéry.

Mais depuis lors, la politique universelle — action diplomatique et action militaire, — a été constamment dominée par les problèmes colo-

(1) Peut-on appeler *colonie* la Sibérie, ce prolongement de la terre russe? Mais colonies assurément les possessions russes du Turkestan.

niaux. La grande guerre de l'Angleterre en notre temps, c'est la guerre des Boers, sans parler des deux autres guerres qu'elle a failli avoir, avec la Russie pour les frontières de l'Inde, avec la France pour les confins de la Haute-Egypte. La Russie s'est heurtée aux ambitions coloniales du Japon. Les Etats-Unis, la nation qui se vantait d'être pacifique par excellence, ont ravi à l'Espagne les restes de son empire colonial. Enfin, entre l'Allemagne et la France, qu'était-ce que la lutte qui se poursuivait depuis dix années pour la domination de l'Afrique du Nord, sinon une guerre sans batailles? 1905 fut une défaite de la France, 1906 une demi-victoire. C'est à Algésiras que s'élabora définitivement le système des ententes méditerranéennes; c'est là que se décida l'expédition lybique de l'Italie. Et, sans que la *Panther* ait tiré le moindre coup de canon contre la Kasbah d'Agadir, c'est bien son arrivée dans les eaux marocaines qui est le point de départ de la guerre actuelle.

CHAPITRE II

L'ESSOR COLONIAL DE L'ALLEMAGNE

Le retard allemand. — Les ambitions coloniales de l'Alle-
magne. — Le peuplement. — L'arrêt de l'émigration. —
La nouvelle émigration. — L'expansion économique. —
Résultats économiques de la colonisation allemande. —
Le programme colonial allemand. — L'opinion allemande
et les colonies.

Le retard allemand. — Le fait qui domine et
en grande partie explique la situation présente,
c'est l'apparition tardive de l'Etat allemand sur
le marché colonial. L'Allemagne divisée, sans
diplomatie commune, sans marine, l'Allemagne
extérieurement impuissante d'avant 1867-1870,
ne pouvait avoir de politique coloniale. On peut
déplorer, d'ailleurs, que les jours où les fils de
la prolifique Germanie quittaient en bataillons
serrés une terre alors trop pauvre, aient coïn-
cidé avec la période où la Confédération allemande n'était qu'une expression géographique.

Quand on constate les services que ces colons ont rendus, par leurs qualités de travail et d'ordre, aux pays où ils se sont établis, on comprend que les Allemands d'aujourd'hui regrettent tant d'occasions manquées, parlent avec amertume du temps où l'Allemand servait, suivant un dicton américain, « d'engrais ou de guano pour les autres peuples ». Au point de vue de la civilisation générale, on peut admettre qu'il eût mieux valu que les colonies essaimées à travers le monde par la vieille Allemagne n'eussent pas toutes été des colonies sans drapeau.

Mais le passé est passé. Non seulement le partage du monde était déjà bien avancé quand naquit le nouvel Empire, mais celui-ci, encore tout enivré de ses victoires européennes, fut très lent à comprendre la place que les colonies allaient prendre dans l'histoire. L'intelligence allemande est toujours lente à comprendre. Le robuste ouvrier de l'unité germanique, Bismarck, n'avait pas voulu profiter de la défaite de la France pour lui imposer des cessions coloniales. « Encore une décade après 1870, écrit Friedrich Ratzel (1), presque tous les

(1) Préface aux *Deutschlands Kolonien*, de K. Hassert.

hommes politiques sérieux considéraient les colonies comme un luxe ou un dommage pour l'Allemagne ». — « Je n'étais pas né colonial », dira plus tard Bismarck.

En 1874, le sultan de Zanzibar sollicite la protection allemande; Bismarck refuse. La même année, les Anglais annexent les îles Fidji, et déclarent invalides les droits des Hanséates, qui y avaient établi des plantations. Réclamations, négociations qui durent dix ans, et se terminent par le paiement d'une indemnité. En 1876, le chancelier repousse un projet d'établissement dans les baies Delagoa et de Sainte-Lucie, laisse passer l'occasion d'acquérir l'île Soulou et le Nord-Est de Bornéo. C'est tout juste si, pour assurer le développement de sa marine marchande, il se préoccupe d'installer des dépôts de charbon aux Samoa, dans les Marshall, en Nouvelle-Bretagne (le futur archipel Bismarck) (1).

Cependant une opinion coloniale naît en Allemagne. L'attitude de l'Angleterre dans l'affaire des Fidji a provoqué un réel ressentiment. Une société créée en 1868 pour « la géographie commerciale et la promotion des intérêts alle-

(1) Voy. pour le détail H. Hauser, *Colonies allemandes, impériales et spontanées*. Paris, Nony, 1900.

mands à l'étranger », *Centralverein für Handelsgeographie und Förderung deutscher Interessen im Auslande*, est le centre de cette agitation. Un vice-amiral, Livonius, écrit en 1875 un mémoire sous ce titre tout nouveau pour les lecteurs allemands « Questions coloniales », *Kolonialfragen*, et il revient sur la question de Zanzibar. En 1879, un directeur de mission, Fabri, pose au public cette interrogation : « L'Allemagne a-t-elle besoin de colonies? » *Bedarf Deutschland der Kolonien?* — et répond affirmativement.

Tout d'abord le public reste froid. Au Reichstag, le parti national-libéral, encore imbu d'idées manchestériennes, est franchement hostile. Lorsqu'en présence du mouvement australien d'acquisition des îles inoccupées du Pacifique, Bismarck se décide à déposer un projet de loi en faveur de la maison Godeffroy, forcée de vendre ses plantations des Samoa, le projet est rejeté par 12 voix de majorité. Découragé, le chancelier refuse de soutenir les entreprises allemandes en Nouvelle-Guinée... Vraiment, si l'Allemagne n'a plus trouvé que les restes au banquet colonial, elle l'a voulu.

Cependant le parti colonial poursuit sa propagande. En 1882, se crée à Francfort la première société coloniale allemande, *Deutscher Kolonialverein*. Elle a 3.000 membres au bout d'un an, 9.000 au bout de deux ans; elle en aura 15.000 en 1885. C'est qu'il faut se hâter. Tunisie, Tonkin, Ethiopie, Afrique du Sud, Egypte, Indochine, bientôt tout sera pris. Il n'est que temps d'agir.

En avril 1883, le marchand brêmois Adolf Lüderitz achète, sur la côte sud-occidentale d'Afrique, Angra-Pequena. Les Anglais du Cap essaient de se débarrasser de ce voisin gênant. Mais désormais Bismarck est convaincu; le télégramme qu'il adresse le 24 avril 1884 au consul allemand à Capetown est le point de départ de la politique coloniale allemande. Et le 25 il engage avec la France une première conversation au sujet du Congo indépendant.

Lorsque, le 5 juillet, Nachtigal traite avec le roi de Togo, c'est en vertu d'un plan préconçu. Le gouvernement impérial a consulté préalablement les villes hanséatiques sur leur commerce en Guinée, sur les mesures souhaitables. Il a revêtu l'illustre voyageur, son consul-général à Tunis, du titre de commissaire impérial pour l'Ouest-Africain; il l'a embarqué sur un navire de guerre, la *Möve*. Du Togo, la *Möve* pousse au Kameroun où Nachtigal lutte, comme au

Togo, contre les Anglais, puis vers Angra-Pequena. En 1885, Bismarck se livre à de vastes
tractations coloniales, avec la France et l'Angleterre. (1) Cependant il n'en résista pas moins,
même alors, à la pression du parti colonial, où
les financiers voisinaient avec les hauts marchands de Hambourg : « Engager à propos des
Carolines une guerre avec l'Espagne, disait-il,
c'est une idée qui ne me serait jamais venue...
Je déclare que les Carolines sont une chose sans
valeur ». Bismarck ne serait jamais devenu un
colonial s'il n'avait, sur les diverses routes
d'Afrique où il avait laissé les Allemands s'engager, rencontré les résistances anglaises. Il
estimait d'ailleurs que l'action coloniale devait
être surtout laissée à la France, comme un
dérivatif à ses préoccupations européennes, à
ses douleurs et à ses espérances, comme un
moyen aussi de la brouiller avec les autres
puissances maritimes, surtout avec la vieille
Angleterre et la jeune Italie. Il pratiquera jusqu'au bout une « politique de modération coloniale ». (2)

(1) Voir l'Acte général de la Conférence de Berlin du 26 février 1886 (dans van Ortroy, *Conventions internationales... en
Afrique*, p. 110-130). Antérieurement, conventions d'amitié et de
limite avec l'Association internationale du Congo (27 nov. 1884,
Ibid. p. 100, et le Portugal, 14 février 1885, p. 106.
(2) Le mot est de M. Schefer.

Le successeur de Bismarck, Caprivi était moins colonial encore. En 1892, il disait au Reichstag : « Quand on vient nous dire : Prenez donc des colonies françaises, je réponds : Mais nous en avons déjà assez avec nos propres colonies ».

Cependant ces colonies devenaient une réalité. En face du *Kolonialverein*, un jeune et hardi conquistador, le Dr Karl Peters, avait fondé, en avril 1884, la Société pour la colonisation allemande — *Gesellschaft für deutsche Kolonisation* — et c'est elle qui avait préparé en secret l'acquisition de l'Est africain. Les deux sociétés avaient fusionné en 1887, pour former la grande Société coloniale allemande, *Deutsche Kolonialgesellschaft*, qui dès lors centralisa tous les efforts. Elle appelait à elle tout Allemand « à qui tient à cœur la situation de l'Allemagne comme puissance mondiale; qui veut créer au commerce et à l'industrie de la nation de nouveaux débouchés; qui désire que la force de travail et le capital des émigrants soient conservés pour la patrie, que le christianisme et la civilisation soient portés dans des cercles de plus en plus étendus; qui souhaite un développement favorable aux territoires ouverts par les savants et les commerçants allemands et défendus par la force militaire allemande ».

Tous ces efforts ne pouvaient pas faire que l'Allemagne ne fût en retard. Elle avait beau, à la fin du xixᵉ siècle, étendre son autorité sur 2 millions et demi de kilomètres carrés, peuplés de plus de 7 millions d'hommes, elle s'estimait mal servie. Trop d'écart existait entre la réalité et ses ambitions.

Les ambitions coloniales de l'Allemagne. — Ces ambitions, elle entendait les mesurer à une règle purement mathémathique, la règle du nombre. Le droit de l'Allemagne à occuper de bons morceaux de la planète, c'est le droit du plus nombreux. Il est intolérable pour l'esprit allemand que la France, avec sa population stationnaire, inférieure à 40 millions d'habitants, possède le second empire colonial du monde, et que le peuple allemand, avec plus de 60 millions d'hommes, avec sa prodigieuse capacité d'accroissement, n'ait pu recueillir que des bribes. De bonne heure, les Allemands ont acquis cette conviction que le procès colonial était à reviser.

Le peuplement. — Pour quels motifs réclamaient-ils des colonies? Le premier — premier en date, et celui aussi qu'ils mettaient le plus volontiers en avant, — c'est le besoin d'installer au dehors, en terre allemande, le trop plein de leur population. Un croît annuel qui n'est pas inférieur, décès déduits, à 800.000 nouvelles existences, voilà le matériel humain qu'ils voulaient engager dans l'entreprise.

Ce motif, lorsqu'il fut invoqué pour la première fois, était fondé. La preuve que la vieille Allemagne était hors d'état de nourrir tous ses enfants, c'est que près de 7 millions d'entre eux avaient quitté leur patrie au cours du xixe siècle, particulièrement pour aller aux États-Unis. Après la crise de 1848, puis de 1866 à 1874, puis après 1880, l'émigration allemande « prit des dimensions énormes » (1) : 220.000 départs en 1881 !

Ce que cherchaient les coloniaux, c'étaient donc des terres habitables pour l'Européen. A cet égard, les acquisitions opérées à partir des années critiques 1884-1885 se révélèrent d'une utilité médiocre. Lorsqu'on en fit l'inventaire, ce fut une immense déception. Un seul des *Schutzgebiete* africains se trouvait dans la zone

---

(1) Rathgen, *Les problèmes actuels de la colonisation allemande* (*Revue écon. internat.*, 1912, t. II) : « Le mouvement colonial, l'agitation pour l'organisation des colonies a été à l'origine l'effet de la grande émigration allemande ».

tempérée, le Sud-Ouest africain; mais ce désert pierreux se révéla bientôt comme « l'enfant de douleur », le *Schmerzenskind* de la colonisation allemande. Le territoire à bail de Kiao-tchéou était bien sous un ciel propice à l'Européen, dans un sol fertile, mais surpeuplé : on n'imagine pas un mouvement d'immigration dans les fourmilières chinoises. Tout le reste du nouveau domaine impérial — Togo, Kameroun, Est africain, Nouvelle-Guinée, îles océaniennes — paraissait radicalement impropre au peuplement blanc.

Comme exutoire de la race germanique, les *Schutzgebiete* ne pouvaient donc aspirer à prendre la place des véritables « colonies allemandes », Centre-Ouest des États-Unis, Sud-Brésil, Nord-Est de l'Argentine. En 1911, au bout de plus d'un quart de siècle, il n'y avait pas encore 15.000 blancs dans le Sud-Ouest africain allemand, 4.200 dans l'Est-africain. Que l'on compare ces chiffres aux trois quarts de million d'Européens qu'en quatre-vingts ans nous avons fixés dans l'Afrique du Nord, aux 50.000 qui en quelques années se sont déversés sur le seul Maroc, et l'on aura une idée de l'inaptitude des territoires allemands d'outremer à devenir des colonies au vieux sens du mot. La preuve la plus

éclatante de cette inaptitude, c'est la faible proportion des femmes dans la population blanche,
même dans le Sud-Ouest africain.

L'arrêt de l'émigration. — Au reste, au moment
précis où l'Allemagne s'éveillait à la vie coloniale,
le motif même invoqué par les coloniaux —
l'intensité de l'émigration allemande, — allait
cesser d'être une vérité. C'est entre 1880 et 1883
que le chiffre de l'émigration avait oscillé, for-
midable, autour de 200.000 départs annuels. Mais
ensuite on le vit baisser, au fur et à mesure
que l'essor de l'industrie allemande offrait au
surcroît de population de certains districts d'autres débouchés. Ce n'est plus dans les *fazendas*
brésiliennes, c'est de moins en moins dans la
Prairie missourienne que le paysan souabe allait
chercher fortune ; c'est dans les usines west-
phaliennes, c'est dans les docks de Hambourg
et de Brême. A l'émigration ultramarine se
substituait la migration intérieure, des campagnes vers les villes. Non seulement l'Allemagne
moderne se trouvait désormais en état d'utiliser
les 800.000 nouvelles paires de bras qui lui sur-
venaient chaque année, mais il lui fallait encore
700.000 ouvriers slaves pour « coloniser » ses
terres de l'Est, sans compter des Italiens, des

Croates, des Polonais pour ses usines et ses
fabriques de l'Ouest. Non seulement le chiffre
des départs diminuait constamment, surtout à
partir de 1891, tombait à 30.000, à 20.000, au
dessous de 20.000 — au dessous du chiffre de
l'émigration française,— mais ces chiffres étaient
plus que compensés par ceux des entrées. Loin
de rester un pays ultra-plein, un pays où les
hommes étouffent, l'Allemagne devenait un foyer
d'appel, un pays d'immigration. Au reste, si la
population de l'Empire ne cessait de grossir, le
taux d'accroissement de cette population com-
mençait à baisser très rapidement.

La logique aurait donc voulu que l'Allemagne
industrialisée renonçât à la formule des colonies de peuplement. Mais lorsque les peuples ont
adopté un système d'idées, il est rare qu'ils n'y
persistent point, en vertu d'une certaine force
d'inertie, même lorsque ce système a perdu sa
raison d'être. Cela est surtout vrai de l'imagi-
nation allemande, lente à comprendre, mais lente
à se déprendre. Lorsqu'elle a une fois cristallisé
en formules un des aspects changeants de la réalité, elle reste immuablement attachée à la formule, sans s'apercevoir que la réalité change.
L'Allemagne a beau ne plus essaimer au dehors,
elle continue à répéter, parce que cela fut vrai

autrefois, que l'Allemagne a droit à sa place au soleil. « Elle possède, dit le pangermaniste Liebert, un plus grand droit moral que la France à cet égard, car nous avons à compter avec un excédent de population,... tandis que la France n'a pas d'excédent de population. (1) » Les Allemands ont beau savoir qu'ils n'émigrent plus, ils n'en dissertent pas moins gravement sur la possibilité d'établir des cultivateurs souabes sur les hauts-plateaux de l'Est africain, Ousambara et régions voisines, la Société coloniale allemande n'en fait pas moins d'efforts pour expédier des jeunes filles à Swakopmund, afin d'empêcher la « cafrisation » des colons du Sud-Ouest africain. Le paysan wurtembergeois ou bavarois qui transporte au-delà des mers les solides vertus allemandes, la *deutsche Hausfrau* qui s'en va fonder sur une terre vierge un *deutsches Heim* ne sont plus que des souvenirs ; mais au nom de ces images périmées, l'Allemagne persiste à réclamer une part des *tirs* marocains ou des plateaux d'Anatolie.

La nouvelle émigration. — D'ailleurs si l'émigration allemande est, quantitativement,

(1) Discussion de l'accord de 1911 au Reichstag.

devenue insignifiante, elle n'a pas disparu; elle a changé de nature. Liebert l'avoue dans le discours dont nous citions un fragment tout-à-l'heure : « Je ne compte pas ici les cultivateurs, les ouvriers agricoles, etc. Malheureusement *nous n'en avons pas en excédent, et ceux-là n'émigrent pas*. Non, je songe, comment dirai-je? à la partie intelligente de notre émigration, à ceux qui ont suivi des écoles, aux commerçants, hommes d'affaires de tous genres, techniciens, ingénieurs des mines, planteurs, etc., qui ici ne peuvent jouer des coudes à cause de la concurrence, et qui outremer trouvent de bons traitements on de bons bénéfices ».

En effet, tandis que l'usine allemande livrait des milliers et des milliers de tonnes de poutrelles d'acier, de machines ou de cotonnades, l'université allemande fabriquait avec un zèle égal des légions de diplômés. Ces jeunes docteurs de toute dénomination trouvaient de plus en plus difficilement à se caser dans un pays saturé de science et de technologie ; ils commençaient à former une immense classe de déclassés. Ils devenaient, eux aussi, un article d'exportation, et se faufilaient à l'étranger dans les banques, les usines, les magasins, les maisons de commission, les bureaux de correspondance. Mais

on ne tardait pas à trouver encombrants, indé-
sirables, ces employés *made in Germany* ; on
voyait d'un mauvais œil leur ténacité insinuante,
leur envahissante obséquiosité, leurs habitudes
invétérées d'espionnage. Il fallait donc fournir
à ce prolétariat d'un nouveau genre des terres
privilégiées, des domaines réservés et gardés,
où il pût en toute sécurité construire des che-
mins de fer ou des ports, diriger des plantations,
placer des produits allemands, organiser le cré-
dit, faire fructifier les capitaux allemands ou
drainés par les banques allemandes.

L'expansion économique. — Cela revient à
dire qu'au motif démographique se substituait
de plus en plus, dans les appétits coloniaux de
l'Allemagne, le motif économique. Non seulement la colonie d'exploitation prenait place à
côté de la colonie de peuplement, mais celle-ci
même était de plus en plus conçue comme un
territoire d'exploitation.

En 1899, la Société coloniale allemande fon-
dait, avec le concours des banques, un Comité
d'économie coloniale, *Kolonial-wirtschaftliches
Komitee.* Ce comité avait pour objet d'organiser
des expéditions pour aller étudier sur place la
situation des *Schutzgebiete*, voir ce qu'ils pour-

raient fournir à l'Allemagne, et ce qu'ils pourraient lui acheter.

Comme ces colonies sont en grande partie situées dans la zone tropicale, on leur demande d'abord d'exonérer l'Allemagne du tribut qu'elle paie à l'étranger pour les denrées alimentaires exotiques. Avec l'accroissement de sa population, avec la hausse des salaires ouvriers et des bénéfices industriels et commerciaux, avec le développement inouï du luxe qui est une des caractéristiques de l'Allemagne moderne, la consommation de ces denrées s'est considérablement augmentée. L'Allemagne a importé en 1912 plus de 140 millions de marks de maïs, 252 millions de café, 63 de cacao (1). Au Cameroun, à la Nouvelle-Guinée, au Chan-toung de fournir une part croissante de ces importations. On espérait même que l'Ouest africain et les plateaux salubres de l'Est africain seraient en mesure de livrer des céréales européennes et du bétail. S'ils pouvaient aider le peuple allemand à se passer du blé russe ou des troupeaux argentins!

L'industrie allemande n'avait pas moins besoin

(1) Les derniers chiffres me manquent pour le riz. Il y a 10 ans, ils étaient déjà de près de 30 pour le paddy, de plus de 14 pour le riz décortiqué. Ils étaient de 5 pour le thé.

de colonies. D'abord parce qu'elle aussi, comme l'estomac de l'Allemand, absorbe des quantités croissantes de matières exotiques : au premier rang le coton, plus de 400 millions de marks il y a dix ans, 580 dans ces dernières années, le plus gros chiffre du tableau des importations de matières premières; plus le jute, la ramie, le chanvre de Manille, le caoutchouc, avec déjà plus de 140 millions en 1904, 179 en 1912, les graines oléagineuses (1), etc. Or, pour le coton, l'Allemagne est tributaire des États-Unis, si bien qu'un syndicat américain, en relevant les prix, est maître d'effectuer en Allemagne la famine du coton, de ruiner, comme en 1904, le port et la Bourse de Brême, de jeter dans la misère les ouvriers saxons ou silésiens. Le caoutchouc, il vaudra ce que voudront les traitants anglais de l'Amazonie... Mais pourquoi ne pas établir des champs de coton allemand dans les parties basses du Cameroun, pourquoi ne pas cultiver les précieuses lianes dans la forêt équatoriale allemande? C'est en ce sens que travaillaient, avec méthode et ténacité, le *Kolonialwirtschaftliches Komiteé*, la station d'essais de Buëa, les administrateurs coloniaux.

_____

(1) 195 millions de marks de noix de palme en 1912.

Même si la production allemande est impuissante à couvrir à elle seule le besoin allemand,
elle exercera une influence modératrice sur les
prix. Comme on trouve dans les colonies d'autres fruits que les fruits exotiques, on y peut
trouver aussi des matières premières que le sol
européen ne fournit plus en assez grande abon-
dance à la boulimie de l'industrie allemande.
L'Angleterre ne tire-t-elle pas ses laines d'Aus-
tralie? La France n'a-t-elle pas découvert en
Algérie d'importants gisements de phosphates,
de zinc, surtout de fer? Or une grosse importation
de minerai de fer est aujourd'hui un besoin croissant pour l'industrie westphalienne, un besoin
qui se chiffrait déjà, il y a dix ans, par plus de
200 millions de marks, et qui a exactement
doublé depuis lors. Ajoutez-y le cuivre, de plus en
plus demandé par l'industrie électrique (320 millions de marks importés en 1912), le nickel, le
cobalt, etc.. Aussi quelle joie lorsqu'on s'aperçut
que les terres désolées de l'Afrique du Sud-Ouest
renfermaient du cuivre, qu'il y avait du fer et
d'autres minerais, même de l'or, dans l'Afrique
de l'Est! « L'Afrique, avait dit en 1906 Karl Peters,
est le plus riche pays minier du monde ». La
sagesse commandait donc de prendre de cette

terre bénie le plus de morceaux possible (1).

En même temps que des denrées alimentaires pour sa population ouvrière et des matières pour ses usines, l'industrie allemande demandait à ses colonies des clients. Depuis trente ou quarante ans, le monde est devenu protectionniste. L'industrie allemande, qui fabrique en quantité des produits à bon marché, souffre plus que nulle autre du relèvement constant des barrières douanières. L'un de ses griefs contre l'activité coloniale de la France, c'est que la France, en acquérant de nouveaux territoires, les fait souvent sortir du domaine de la libre concurrence internationale, pour les inclure dans son système douanier. Bien plus, si l'Angleterre n'a pas encore renoncé pour elle-même à la politique de la porte ouverte, ses colonies autonomes sont protectionnistes. Assurément le gigantesque plan Chamberlain, d'un Zollverein panbritannique, a échoué. Mais de cette tentative avortée, et qui aurait ruiné l'Allemagne, il est cependant

---

(1) Voir Ferd. Fischer, *Die wirtschaftliche Bedeutung Deutschlands und seine Kolonien* (Leipzig, 1906), curieuse élucubration d'un chimiste sur l'économie coloniale, p. 78 : « La naissance d'une vivante industrie métallurgique, particulièrement pour le cuivre et le fer, l'ouverture de riches champs d'or, seraient d'autant plus importantes que par là serait orientée vers nos colonies une part de l'émigration allemande, métallurgistes, chimistes, ingénieurs... »

résulté quelque chose : les colonies ont consenti à la métropole des tarifs préférentiels. C'est exactement comme si elles avaient frappé de surtaxes les produits allemands, souvent similaires des produits britanniques. Voilà pourquoi il est nécessaire pour l'Allemagne d'acquérir des clientèles privilégiées, des nègres qui s'habillent obligatoirement de cotonnades saxonnes et non de cotonnades de Manchester, qui s'enivrent avec du *Spiritus* de Hambourg et non avec du whisky de Liverpool.

Résultats économiques de la colonisation allemande. — Sur le terrain économique, quel a été le succès de la colonisation allemande? Médiocre. L'exportation allemande à destination des colonies ne dépasse guère 50 millions de marks ; les envois des *Schutzgebiete* en Allemagne oscillent autour de 80 millions de marks, tandis que l'Allemagne achète chaque année plus d'un milliard de denrées coloniales. Non seulement les colonies n'ont pas émancipé l'Allemagne du tribut qu'elle payait aux Etats-Unis, au Brésil, à la Hollande, aux colonies anglaises et françaises, mais la proportion de produits coloniaux allemands qui arrive à Hambourg ou à Brême est trop infime pour agir sur les prix.

Au total, que représente un commerce d'un peu plus de 160 millions de francs dans un mouvement qui atteint 25 millards? A cet égard encore, la colonisation allemande aboutit à une déception, et l'Allemagne s'estime mal servie.

Le programme colonial allemand. — De là à penser qu'elle a droit à se mieux servir à l'avenir, il n'y pas loin. Elle sait que depuis quarante ans, les limites des empires coloniaux ont été singulièrement instables. A diverses reprises, les nations colonisatrices se sont partagé les continents, quelquefois sans bien connaître ce qu'elles avaient à partager. Autour d'un tapis vert, des diplomates découpaient l'Afrique. Le principe, c'est que chaque nation avait droit à l'arrière-pays du littoral primitivement occupé par elle, c'est-à-dire à la projection dans l'intérieur des deux points extrêmes de ce littoral. Mais les lignes ainsi tracées rencontraient, au cœur du continent, d'autres lignes venues de la côte opposée. Entre les lignes tracées par les prétentions adverses, la diplomatie lançait des perpendiculaires, et cela faisait des « zones d'influence ». Puis l'on s'apercevait que la géographie, l'ethnographie, l'action des explorateurs ou des négociants, les rivalités politiques se jouaient de cette

géométrie, et l'œuvre était à refaire. Combien
de fois fut ainsi remaniée la carte d'Afrique?
Combien de territoires passèrent de la France
à l'Angleterre, à l'Etat indépendant du Congo?
Combien de fois les lignes tirées du Nord au
Sud (en partant de l'Egypte ou de la Berbérie),
du Sud au Nord (du Cap), vinrent-elles se heurter
aux lignes tirées de l'est à l'ouest? (1)

Plusieurs de ces remaniements se firent à
Berlin, sous l'œil d'abord désintéressé de Bismarck, qui voyait dans ces jeux de patience un
moyen de semer la zizanie entre les puissances
méditerranéennes, Angleterre, France, Italie,
puis sous l'œil de plus en plus convoiteux des
Allemands. Mais pourquoi le plus récent partage de l'Afrique serait-il le dernier? Pourquoi
n'y en aurait-il pas un autre, ou d'autres, qui
permettraient à l'Allemagne de s'installer con-
fortablement?

Les partages africains ont fait très grande,
et surtout très cohérente, la part de la France.
Or, en vertu de la théorie allemande qui veut que
l'étendue d'un empire colonial soit proportion-

(1) Voir le gros volume de van Ortroy, *Conventions internationales définissant les limites actuelles des possessions, protec-
torats et sphères d'influence en Afrique*, 517 p. in 8º, et il
s'arrête en 1898!

nelle non seulement au chiffre, mais au taux d'accroissement de la population métropolitaine (1), il est évident que la France a du continent africain beaucoup plus que sa part. Ce qui est plus scandaleux encore, c'est que ce pays pauvre en hommes, encore plus pauvre d'enfants, possède quelques-unes des bonnes terres de peuplement de l'ancien monde, à quelques heures seulement de ses ports. Et elle veut encore augmenter ce domaine, y joindre des terres plus fertiles, moins arides! Dans celles qu'elle détient déjà, on trouve le précieux métal, le fer; on dit qu'il y en a plus encore dans celle qu'elle veut acquérir. Le moment n'est-il pas venu de reviser le partage de l'Afrique du Nord?

Au centre du continent, dans le pays du caoutchouc, le long des fleuves où peuvent prospérer les cotonneraies, ce n'est pas seulement la France que l'on rencontre, et aussi l'omniprésente Angleterre, c'est la Belgique, héritière de l'hybride Etat indépendant. Mais

---

(1) A cette théorie la science allemande n'hésite pas à en substituer une autre (ou elle la complète par une autre) lorsqu'elle veut contester le droit à l'expansion coloniale d'un peuple encore plus prolifique que le peuple allemand. Voir Robert Michels, *Elemente zur Entstehungsgeschichte des Imperialismus in Italien* (Tubingue, 1912), où il est démontré que l'Italie n'est pas justifiée à réclamer des colonies, parce qu'elle n'a pas de capitaux. C'est un « impérialisme de pauvres gens ».

comment un petit Etat — on sait le dédain que
tout sujet du nouvel Empire professe à l'égard
des petits Etats, de la *Kleinstaaterei* — pour-
rait-il avoir le droit de posséder ces vastes
espaces? Bien plus un État neutre, c'est-à-dire,
au regard de la philosophie politique allemande,
une contradiction interne, un pur non-être,
Unding, à tout le moins un monstre. On peut
bien, par pitié, laisser vivre le monstre, mais à
condition qu'il ne fasse pas obstacle aux aspirations des forts.

Il y a aussi des terres d'Afrique qui sont
encore détenues par un peuple déchu, le Portugal. Entre les mains portugaises, la science
allemande a déclaré qu'elles ne pouvaient plus
prospérer. Autant dire que le Portugal vole au
monde les bénéfices virtuels qu'une exploitation rationnelle pourrait tirer du Moçambique
et de l'Angola; il les vole surtout à la nation
qui en aurait le plus besoin. Car en matière
d'exploitation du monde, les Allemands estiment
que le besoin, en même temps que la force de
conquérir et la capacité d'exploiter, est la mesure
du droit.

Aux mains du Portugal, l'arrière-pays de
l'Angola ne rejoindra jamais l'arrière-pays du
Moçambique, puisqu'entre les deux se dresse la

masse du Congo belge, se tisse le réseau des ambitions anglaises (1).

Même hors d'Afrique, les partages sont-ils définitifs? Voici qu'on parle du partage de la Chine, et de Tsin-tao la tache allemande s'étend sur tout le Chan-toung. Plus près de nous, dans l'héritage de « l'homme malade », que de belles places à prendre! La forte race des cultivateurs allemands — en admettant qu'elle se décide à reprendre son mouvement d'expansion, — pourra s'épandre à l'aise sur les plateaux salubres et vides de l'Asie-Mineure; la grasse Mésopotamie, qui n'attend pour redevenir le jardin d'Eden que la charrue et la pioche de l'Européen, se couvrira de moissons dont les grains iront nourrir les travailleurs westphaliens, tandis que les meilleurs produits des écoles techniques allemandes construiront le chemin de fer de Bagdad, creuseront les canaux d'irrigation, placeront à bon prix rails et locomotives. Depuis les jours de 1898, où l'impérial commis-voyageur est allé visiter à la fois le tombeau de Saladin et la

(1) Dans une bizarre conférence (*Geographical Journal*, avril 1915), sir Harry Johnston affirme qu'en 1914 l'Angleterre s'était montrée disposée à « user de son influence loyale et amicale sur le Portugal pour assurer à l'Allemagne toutes facilités raisonnables au développement de son commerce et de son industrie au Congo portugais ».

Dormition de la Vierge, les fondements d'une nouvelle colonie allemande ont été posés en Asie.

L'opinion allemande et les colonies. — Sur la légitimité de ces projets, sur la nécessité de les réaliser, l'opinion allemande était unanime. Tandis que nos socialistes les plus qualifiés vitupéraient contre l'action coloniale, de bonne heure la social-démocratie allemandes e montra colonialiste. Elle avait fini, dans ces dernières années, par devenir l'un des avocats de la politique coloniale. Les *Sozialistische Monatshefte* fourmillaient d'articles où l'on pouvait trouver « l'éloge le plus éclatant de la politique coloniale allemande, en se plaçant au point de vue expansionniste » (1).

Disons tout de suite que, cette expansion, l'Allemagne ne pensait pas nécessairement la réaliser par la guerre. Les Etats mineurs, affligés d'un fardeau colonial trop lourd à leurs épaules, pourront passer une procuration générale au génie organisateur de l'Allemagne. Déjà, en 1886, Treitschke offrait à la petite

(1) Stresemann. *Revue économique internationale*, 1914, t. III. En 1907, la social-démocratie avait voté contre les crédits pour le Sud-ouest africain. Immédiatement le nombre de ses mandats était tombé de 86 à 47. La leçon ne fut pas perdue.

Néerlande, dont la population coloniale est le décuple de la population métropolitaine, de lui « *garantir* » pour ses colonies une protection militaire que sa propre puissance navale ne lui assure plus. Touchante sollicitude ! En 1913 encore paraissait une brochure anonyme sous ce titre prometteur : « Politique mondiale allemande sans guerre » — *Deutsche Weltpolitik und kein Krieg*! (1) L'auteur, d'accord avec les belliqueux sur la fin qui est l'expansion, conseillait l'action en Afrique centrale, comme étant le lieu de moindre résistance : en effet, les occupants sont de petits Etats, Belgique et Portugal. On pourra donc substituer aux annexions violentes « l'exploitation économique sans entraves, avec la certitude que les fruits de notre travail ne seront pas perdus pour la nation allemande » (2).

C'est en vertu d'une théorie du même genre que les Krupp entendaient se réserver leur part dans la production minière de l'Ouenza, les Mannesman dans celle du Maroc.

Coloniser chez les autres, dans des terres

---

(1) Analysée par Em. Dubois, *Revue écon. internat.*, 1914, t. I. Cette brochure passe pour émaner d'un homme d'Etat de premier plan, peut-être un chancelier impérial.

(2) Voy. la conférence précitée de sir H. Johnston qui, à côté de théories aventureuses, contient certainement des faits exacts.

aménagées, administrées aux frais des autres, n'est-ce pas d'une saine économie coloniale? A condition bien entendu, que les autres se laissent faire. S'ils résistent, il sera légitime de faire appel à la force de l'Empire pour protester contre les mesures douanières par lesquelles la France protège son commerce dans ses propres colonies ou les Etats-Unis aux Philippines et à Cuba, comme aussi contre les tendances des mêmes Etats-Unis à dominer le Centre et le Sud-Amérique. Le devoir de l'Empire est de maintenir ou de rétablir l'égalité en faveur de ses sujets, par l'insertion dans les traités du principe de la porte ouverte ou de celui de la nation la plus favorisée ; non seulement l'égalité douanière, mais l'égale participation aux entreprises (1).

La politique coloniale devient ainsi l'un des aspects du pangermanisme (2).

(1) P. Arndt, *Deutschlands Stellung in Weltwirtschaft*, Leipzig, 1908.
(2) On sait que la ligue pangermaniste (*Alldeutscher Verband*) est sortie d'une ligue d'action coloniale.

CHAPITRE III

LES CONSÉQUENCES POLITIQUES DES AMBITIONS COLONIALES DE L'ALLEMAGNE

Les causes de conflit. — Le réveil de l'opinion coloniale hors d'Allemagne. — Allemagne contre Angleterre.

Les causes de conflit. — Ces ambitions coloniales, de l'Allemagne devaient forcément se heurter à un obstacle : l'existence des empires déjà constitués. En vertu du principe de l'arrière-pays, complété par celui de la contiguité et des zones d'influence, aucun Etat européen, domicilié en Afrique, ne pouvait voir sans inquiétude une nouvelle puissance, que l'on savait envahissante, s'installer sur ses derrières, sur ses flancs, ou par le travers de ses lignes de communication. Tôt ou tard devait se former contre l'intruse une ligue spontanée des *beati possidentes*.

Or l'Allemagne aurait eu, de propos délibéré,

le désir de chercher noise à ses rivales qu'elle n'aurait pas choisi autrement le site de ses principaux établissements coloniaux. On a pu dire de ces établissements qu'ils avaient surtout une valeur négative (1), une valeur d'inhibition à l'égard des colonies préexistantes. A quoi peuvent servir les pierrailles infécondes du Damara et du Namaqualand, sinon à empêcher le développement sur la côte atlantique des possessions anglaises du Sud-africain ? (2) Il a bien fallu, en 1884, laisser à l'Angleterre la Baie de la Baleine (Walfish-Bay). Mais, complètement enclavée dans le territoire allemand, elle s'est trouvée déchue de son rôle naturel de débouché atlantique de la Zambézie. Et si la colonie allemande, à l'extrême Nord-Est, projette jusqu'au Zambèze la mince « pointe de crayon » de Caprivi, cette poussée a uniquement pour objet de faire obstacle à toute extension possible de la Zambézie vers l'arrière-pays de l'Angola. Exactement comme le fameux « bec de canard » du Bornou avait été inventé pour rendre plus malaisée la jonction entre les territoires français du Tchad et de l'Oubangui.

(1) R. de N., *Économiste français*, 10 avril 1915.
(2) Voy. Sur les épineuses négociations de 1883-1884, H. Johnston, *Colonization of Africa*, p. 352.

Nulle part cette valeur négative des positions allemandes n'apparaît avec plus d'évidence que dans l'Est africain. Le grandiose projet de Cecil Rhodes — le Cap au Caire — ne fut, il est vrai, définitivement conçu que vers 1893, près de dix ans après l'établissement des Allemands à Dar-ès-Salam. Mais ce projet était si bien dans le plan de la politique anglaise que l'Allemagne, en poussant l'arrière-pays de sa colonie jusqu'au Tanganika, cherchait certainement à s'opposer par avance à ce que le rail britannique pût, en terre britannique, s'étendre jamais du Zambèze au Nil.

Avec une habileté consommée, l'Allemagne sut jouer des jalousies anglaises et des rancunes françaises pour obtenir que l'Angleterre, le 22 juin 1894, renonçât au contrat qu'elle venait de signer le 12 mai avec le Congo, et qui aurait rendu ce projet exécutable. Depuis lors, le Cap au Caire n'était plus réalisable qu'à la condition de demander l'autorisation d'emprunter une bande de territoire allemand ou (si l'on reliait les deux tronçons par un service de vapeurs sur le Tanganika) les eaux allemandes. Comment supposer que l'Angleterre dévorerait cette humiliation? (1)

(1) Sir H. Johnston croit qu'une entente aurait été possible. Cela est bien invraisemblable.

Le nombre et la complexité des problèmes que soulevait l'Allemagne, comme de gaîté de cœur, expliquent la place que les questions de partage et de zones d'influence prirent dès lors dans toutes les négociations européennes. A ne juger l'action de la diplomatie allemande que par ses résultats immédiats, elle peut paraître singulièrement adroite et fructueuse. L'Allemagne se découvrit des intérêts partout où des puissances européennes se trouvaient en conflit, en Egypte comme sur le Congo ou le Niger. A chaque partage, elle invoquait le principe d'équilibre pour se faire donner des « compensations » — comme si, en ne s'opposant pas à ce que les autres prissent quelque chose, elle leur avait fait un cadeau. Profitant surtout de la rivalité franco-anglaise, elle pratiquait une politique de bascule, négociant tantôt des ententes coloniales anglo-allemandes contre la France, tantôt des ententes franco-allemandes contre l'Angleterre, et se faisant chaque fois payer ses services.

Ces finesses — que les successeurs de Bismarck et de Caprivi nuancèrent de brutalité — ne pouvaient avoir qu'un temps. Car les intéressés devaient finir par s'apercevoir qu'ils faisaient le jeu de l'Allemagne. Le traité anglo-français de 1899, la Convention de 1904 créèrent une situation nouvelle. On s'explique que cette dernière convention ait fait éprouver aux Allemands une vive irritation : c'était la faillite de leur système.

Le réveil de l'opinion coloniale hors d'Allemagne. — La politique coloniale allemande avait eu un autre résultat. Elle avait éveillé chez les peuples colonisateurs une conscience plus claire de leur rôle colonial, elle avait donné aux éléments les plus réfractaires de l'opinion publique le sentiment de l'importance des colonies. En France, il n'y a guère plus de dix ans, les classes cultivées professaient à l'égard de nos possessions, même les plus prochaines, une indifférence de bon ton, faite souvent d'ignorance volontaire. Dans les milieux intellectuels les plus hardis (1) on surprenait bien des gens en leur apprenant que le chiffre du commerce algérien s'acheminait déjà, en ce temps-là, vers le milliard; on les stupéfiait en leur affirmant que les 5/6ᵉ de ce commerce se faisaient avec la France, — et ils restaient incrédules. Le discours de Tanger, plus encore l'arrivée de la *Panther* à Agadir, révélèrent à tous les Français l'existence de l'Algérie, et ce fait géogra-

(1) J'utilise ici des souvenirs personnels.

phique que l'Algérie est limitrophe du Maroc.

A cette idée qu'à la frontière franco-allemande de l'Est allait s'ajouter, du jour au lendemain, une seconde frontière franco-allemande dans l'Afrique du Nord-Ouest, l'opinion publique française se souleva. Il y eut, à ce moment, dans toute la France — et surtout dans la France paysanne, — unanimité pour ne pas supporter cette atteinte à notre droit d'expansion. Les moins instruits de nos concitoyens eurent ce sentiment très net que laisser les Allemands prendre un pied au Maroc, c'était préparer, tôt ou tard, l'abandon ou la médiatisation de l'Algérie. Ils eurent aussi, plus vaguement, ce sentiment que l'Afrique du Nord était notre domaine et, comme l'avait écrit Prévost-Paradol, notre suprême chance d'avenir. Si la guerre de 1914 a surpris en plein rêve de pacifisme la nation française, une guerre en 1911 ne l'aurait pas étonnée. Bien plus, cette guerre — et pour le Maroc, — était presque souhaitée. C'est là un phénomène sans précédent dans notre histoire. Les colonies, — même une colonie future — étaient apparues comme partie intégrante du patrimoine national.

Après coup, les Allemands ont pu soutenir que nous nous étions mépris sur leurs intentions, qu'ils n'avaient jamais recherché au Maroc que des avantages économiques, l'égalité économique. Mais dès le 5 avril 1911 la *Rheinisch-Westfälische Zeitung* réclamait un nouveau traité franco-marocain, qui donnât à l'Allemagne un port sur l'Atlantique et des mines de fer. Aussi y eut-il une explosion de colères allemandes — colères auxquelles s'associa le Kronprinz, — contre la déclaration Asquith du 6 juillet, contre le discours de Lloyd George du 21 juillet. Kiderlen-Waechter essaya, plus tard, de répudier le concours qu'il avait alors demandé à la presse pangermaniste; ses dénégations, même présentées par la voie judiciaire, ne convainquirent personne, ni en Allemagne, ni ailleurs.

Même si l'on avait admis la thèse de Kiderlen-Waechter, le sentiment national français n'en aurait pas moins été violemment surexcité. L'Allemagne disait, pour la deuxième ou troisième fois : Vous avez voulu régler sans moi la question du Maroc; vous avez consulté, — et payé — l'Angleterre, l'Espagne, peut-être l'Italie. Consultez moi et payez moi. Mais l'instinct populaire français, précisément, n'admettait pas que, dans une affaire qui était nôtre, nous eussions à consulter ni à désintéresser personne, que nos voisins méditerranéens. Le 24 mars 1911, un député français, et non des moindres (1), avait encore pu proférer cette énormité : « Il y a des traités officiels dans lesquels nous nous engageons à évacuer progressivement la Chaouïa ». Six mois plus tard, quel gouvernement aurait osé proposer l'évacuation?

Mais la brutalité allemande avait obtenu un autre résultat encore que d'enseigner aux Français ce fait essentiel, l'indivisibilité de l'Afrique berbère. S'il est une possession coloniale qui, avant 1911, tenait peu de place dans la conscience nationale, c'est assurément le Congo. Forêts insalubres, maladie du sommeil, régime des grandes compagnies, histoires financières assez louches, histoires plus douloureuses encore de tyrannie et de sauvagerie européennes, campagnes de presse savamment inspirées par nos rivaux et naïvement menées par nos philosophes, c'en était assez pour rendre notre Congo impopulaire, à l'égal de son voisin léopoldien. Mais voici qu'on parlait de nous le prendre, et il suffisait d'une lettre de la veuve de Savorgnan de Brazza pour faire passer dans les âmes une commotion électrique. Les Allemands, hommes

(1) Jean Jaurès.

d'affaires, ne comprirent rien à cette apparition subite, inattendue, de l'argument sentimental. Ils discutèrent, marchandèrent, et leurs marchandages achevèrent de nous rendre cher ce Congo qu'ils nous proposaient de dépecer. On aurait encore admis, comme prix du désintéressement allemand au Maroc, un large remaniement de nos frontières de l'Afrique occidentale et de l'Afrique équatoriale, un remaniement conçu avec le désir d'assurer à chaque partenaire un champ légitime d'action. Mais personne, — en dehors des politiciens, — ne pouvait voir un règlement définitif dans le traité du 4 novembre, le traité des « deux antennes ». Il était visible qu'entre les deux antennes l'Allemagne avait soigneusement déposé le germe des conflits futurs.

En même temps qu'en France, ce traité — que les Allemands considérèrent comme une défaite (1) — éveillait immédiatement des inquiétudes en Belgique. Inutiles en soi, les antennes « constituent évidemment, écrivait-on le 7 novembre (2), deux routes stratégiques vers le centre africain ».

(1) *Livre jaune*, n° 5.
(2) Roland de Marès, dans *le Temps*. Voir aussi Cammaerts, *L'impérialisme allemand en Afrique centrale* (*Revue écon. internat.*, 1911, t. IV).

Ainsi, la preuve en était faite, il ne servait à rien de négocier avec l'Allemagne en matière coloniale. C'était toujours à recommencer, et à peine avait-on cru apaiser certaines convoitises que se manifestaient des exigences nouvelles. On avait cru, en 1911, mettre un point final à la controverse marocaine. Or le gouvernement allemand ne tarda pas à montrer qu'il n'avait renoncé à aucune de ses « hypothèques ». Le 19 mai 1914, bien que les nouveaux codes fussent promulgués et les nouveaux tribunaux marocains organisés depuis plus de six mois, le sous-secrétaire d'État Zimmermann répondait encore au député Bassermann : « Le gouvernement est pleinement conscient de l'importance du système des protégés et ne pense donc pas à l'abandonner. Il ne s'en occupera que plus tard... » En même temps, l'Allemagne soulevait des chicanes à propos de l'adjudication des travaux municipaux. On parlait, pour cette dernière question, d'aller à la Haye, et une polémique aigre-douce s'engageait entre la *Gazette de Cologne* et les organes coloniaux français (1).

Allemagne contre Angleterre. — En même

(1) Voir *Bulletin du Comité de l'Afrique française.*

temps qu'elle avait aidé à la formation d'un sentiment colonial en France, l'Allemagne, par ses erreurs de psychologie, avait contribué à fortifier l'impérialisme britannique. Que l'on compare un instant la politique de renoncement d'un Gladstone et la politique actuelle d'un ministère même libéral, et l'on mesurera le chemin parcouru. Les entreprises africaines de l'Allemagne, ses velléités africaines plus menaçantes encore, les prétentions affichées par elle à la succession du Portugal et de la Belgique, le *quos ego* qu'elle avait opposé au projet de Cecil Rhodes, les indiscrètes interventions de Guillaume II dans la guerre des Boers, ont rendu « l'homme de la rue » impérialiste, et lui ont fait voir dans l'impérialisme allemand l'ennemi-né de l'impérialisme anglais. Le chemin de fer de Bagdad, qui se présentait d'abord comme une entreprise de finance, d'industrie et de civilisation, se montra très vite ce qu'il était au fond : un moyen d'enlever à l'Angleterre le monopole des routes de l'Inde et d'aller au besoin la troubler dans la possession de son empire. Le golfe Persique, n'est-ce pas déjà la frontière scientifique de l'Inde ? Aussi, à la marche sur Bagdad, l'Angleterre s'empressait-elle de riposter par l'occupation de Koweit. Les ambitions navales et aériennes de l'Allemagne firent le reste. Et lorsque, par le coup d'Agadir, l'Allemagne manifesta l'intention d'acquérir sur l'Atlantique un port, d'où elle pourrait surveiller les routes de l'Ouest-africain et du Sud-Amérique, la mesure fut comble. L'Angleterre, à son tour, fit entendre son *quos ego* par la voix de Lloyd George. L'irritation de l'Allemagne, sa déception en s'apercevant qu'elle s'était trompée dans ses calculs sur la mentalité anglaise, éclatèrent dans la furibonde réponse où Heydebrandt dénonça l'ennemi : « Le peuple allemand sait maintenant que, s'il veut s'élargir en ce monde, s'il veut chercher au soleil la place que lui ont assignée son droit et sa destinée, il sait maintenant où se trouve celui qui veut avoir à prononcer souverainement s'il le permettra ou non ». On ne pouvait dire plus clairement que le conflit anglo-allemand serait avant tout un conflit colonial.

Il ne suffisait pas encore d'avoir fait de tout citoyen de la Grande-Bretagne un impérialiste. L'Allemagne allait encore aider à répandre le sentiment panbritannique dans l'Empire lui-même. Ce sentiment était très faible il y a quelques années. Cinq nations autonomes, dont deux contiennent des éléments non anglais, 14 millions d'habitants blancs en face des 45 du Royaume-Uni, et la prépondérance de la métropole paraissant destinée à décroître au fur et à mesure que se rempliraient les vides sur le territoire des Dominions d'outremer, c'étaient là des conditions peu favorables. Assurément le « pessimisme colonial » des anciens whigs avait fait son temps, mais on pouvait encore raisonnablement se poser, avant l'été de 1911, le problème de la cohésion de l'Empire britannique (1), de la solidité du lien entre ces communautés adultes, si diverses et si dispersées (2). La conférence des « premiers », en mai-juin 1911, avait donné d'assez médiocres résultats : le plan d'un Zollverein chamberlainien échouait à la fois devant les tendances libre-échangistes de la démocratie anglaise et le désir d'indépendance économique des colonies; on rejetait le projet zélandais d'un Conseil d'Etat et d'un Parlement impériaux; on faisait peu de chose

1) Paul Arndt, en 1908 (*ouvr. cité*), exprimait l'opinion courante en Allemagne : « Y a-t-il vraiment un danger de dissolution de l'Empire britannique? La question peut-être résolue par l'affirmative. Déjà aujourd'hui la cohésion des diverses parties est très lâche ». En corrigeant ces épreuves, je lis la profonde, la pénétrante analyse que M. Hovelaque a faite de cette erreur capitale de la psychologie allemande, dans *Les causes profondes de la guerre*, 1915, p. 79 et 93.

(2) R. de Caix. *La question de l'Empire britannique* (*Bulletin du Comité de l'Afrique française*, 1911, no 8).

pour la défense commune, militaire ou navale, et le chef du plus ancien et du plus puissant des Dominions, sir Wilfrid Laurier, posait en principe qu'un Dominion pourrait rester neutre dans une guerre où la Grande-Bretagne serait l'agresseur.

Agadir a changé tout cela. Nous aurons à revenir sur le rôle des colonies autonomes pendant la guerre. Qu'il nous suffise de citer ici les quelques lignes, d'un humour si savoureux, dues au professeur Ashley : On a dit, rappelle-t-il, que les Anglais devraient élever une statue à Krüger, comme à l'un des créateurs de l'Empire ; « certainement, en ce sens, l'Empereur en mérite une beaucoup plus belle » (1).

Les Allemands, imbus de leur idée mystique de l'Etat, ne comprendront jamais un large groupement humain qui repose « moins sur des bases juridiques, que sur une certaine communauté de sang, de tradition, de sentiment, de religion, de langue et de culture », — et où le sentiment est plus fort que le sang, la langue et la religion (2).

Grâce aux ambitions coloniales de l'Alle-

---

(1) *The economical rise of the european conflagration* (*Scientia*, 1915, p. I.)

(2) Arndt, *ouvrage cité*, voy. encore Hovelaque, p. 117-120.

magne, cette guerre est apparue, bien plus clairement que la guerre de Sept ans, comme une
guerre pour le partage du monde. A la vieille
notion de l'équilibre européen, elle substitue la
notion de l'équilibre de la planète.

CHAPITRE IV

LA GUERRE AUX COLONIES

Le Congo belge. — Les Boers. — L'Allemagne et l'Islam.

Le conflit actuel revêt des proportions si gigantesques, il se poursuit à la fois sur tant de « fronts », — sans parler de la lutte sur mer — que l'opinion publique européenne en est arrivée à perdre de vue qu'il y avait aussi une guerre aux colonies. Or c'est dans ses colonies que l'Allemagne a éprouvé les premiers, et jusqu'à présent les plus décisifs désastres (1).

L'Allemagne vivait sur cette idée autrefois très répandue chez nous, et dont l'avenir dira la valeur, que le sort final des colonies se règle sur les champs de bataille européens : « Il n'y aurait pas, disait le fameux rapport secret du

_____

(1) Nous n'avons pas la prétention de faire un historique des opérations. Nous voudrions seulement noter les étapes essentielles.

19 mars 1913 (1), il n'y aurait pas à s'inquiéter du sort de nos colonies. Le résultat final en Europe le règlera pour elles ». En fait, cependant, l'attitude de l'Allemagne paraît avoir varié suivant les colonies; s'il en est qu'elle a défendues énergiquement, il y en a qu'elle ne semble pas avoir jugées dignes d'un vigoureux effort.

Pour certaines d'entre elles, elle ne les crut pas sérieusement menacées. Tsin-Tao, le poste avancé de la culture allemande en Extrême-Orient, était une des œuvres dont l'Allemagne était le plus légitimement fière, la plus parfaite réussite de son activité colonisatrice. Mais l'Allemagne était persuadée, au mois d'août, que le Japon profiterait de la guerre européenne pour reprendre la lutte contre son ancienne ennemie la Russie. L'Allemagne n'aime pas à modifier ses concepts et ses définitions, surtout en matière de psychologie des peuples. L'attitude du Japon fut pour elle une profonde désillusion, et la capitulation de Tsin-Tao, le 7 novembre, une amère tristesse.

Déjà les opérations des alliés avaient commencé en Afrique, sur divers points. Rappelons pour mémoire l'occupation du Togo, dès

(1) Annexe au n° 2 du *Livre jaune.*

le mois d'août. Cette petite colonie, enclavée entre la Gold Coast et notre Dahomey, et qu'il avait été question de nous céder par voie d'échange en 1911, ne pouvait résister à une action combinée. Elle est soumise actuellement à une administration anglo-française — française à Petit-Popo, anglaise à Lomé, — le tout sans préjuger du sort futur de l'ensemble.

La campagne fut plus rude au Cameroun, en raison de l'étendue de cette colonie, encore agrandie en 1911, de ses ressources, du caractère montagneux d'une grande partie du territoire, des grands fleuves qui la traversent. Il y eut là non pas une, mais des expéditions, autant que le pays comporte de régions distinctes, et des expéditions qui auraient leur place dans l'histoire militaire, si l'écho ne s'en perdait au milieu du fracas des batailles de Champagne, de Belgique ou de Pologne. L'attaque débuta fin septembre, dans l'une des antennes cédées, et que nous avions à cœur de reprendre. Une autre opération fut menée dans l'antenne Nord, sur l'Oubanghi-Sangha, une autre encore dans la partie cédée au Nord du Gabon. En même temps que nous déchirions le marché de 1911, une expédition anglo-française s'attaquait au vrai Cameroun, à la région volcanique et boisée qui forme le sommet de l'angle guinéen, aux villes de Douala, de Buëa. On s'y battait encore en janvier. Cependant les troupes françaises du Tchad et les troupes anglaises de la Nigeria envahissaient le Nord, et l'Adamaoua, et le Bornou. Après des échecs au début sur le Chari, un succès du général Largeau, fin septembre, rétablissait la situation.

Le Congo belge. — Les opérations du Cameroun avait posé la question de la neutralité du Congo belge, ou plus simplement du Congo. Si la neutralité du Congo belge n'avait été qu'une réplique africaine de la neutralité de la Belgique elle-même, la violation de celle-ci aurait entraîné *ipso facto* la disparition de celle-là. Mais le Congo belge faisait lui-même partie d'un plus vaste ensemble, le bassin conventionnel du Congo, dont les actes internationaux (en particulier l'article 10 de l'acte général de Berlin) permettaient de proclamer la neutralité. Il s'agissait donc d'une neutralité toute spéciale, indépendante de la neutralité belge, et qui intéressait, avec la Belgique, la France, l'Angleterre, l'Allemagne et le Portugal.

Le gouvernement belge semble avoir désiré, avant tout, mettre sa jeune colonie à l'abri. Le

7 août, il demandait aux gouvernements français et anglais de se prononcer pour la neutralité de tout le bassin conventionnel (1). Si nous en croyons les dépêches du ministre belge à Paris, le gouvernement français aurait d'abord été hésitant (2). Le président de la République répondait le 8 août qu' « à première vue, il ne verrait guère d'inconvénient à proclamer la neutralité du Congo français ». Cependant il réservait sa réponse, dans la croyance où il était que des faits de guerre avaient déjà éclaté dans l'Oubanghi. Le 9, le gouvernement français se déclarait « très disposé à proclamer la neutralité des possessions du bassin conventionnel du Congo », et priait l'Espagne de transmettre cette proposition à Berlin (3).

Il est fort heureux que l'Espagne n'ait pas voulu se charger de cette mission avant d'avoir sollicité l'avis de l'Angleterre, et que l'Angleterre ne se soit pas pressée de répondre. En effet, on ne voit pas pourquoi les alliés se seraient privés, au lendemain de la monstrueuse violation de

---

(1) *Livre gris*, n° 57.

(2) *Ibid*. n° 59. M. Poincaré rappela d'ailleurs au baron Guillaume que la protection promise par la France à la Belgique s'étendait aussi à ses colonies, ce qui était quelque peu contradictoire avec l'idée de neutralisation.

(3) *Ibid.*, n° 61.

la neutralité belge, du moyen qui leur était offert de ruiner au centre de l'Afrique la puissance allemande. On ne se représente pas très bien la France et l'Angleterre s'arrangeant pour que l'Allemagne retrouve, après la guerre, la quasi-totalité de ses possessions équatoriales africaines. Le 16 août, le parti du gouvernement français est pris (1). « Il importe, dit M. de Margerie, de frapper l'Allemagne partout où on peut l'atteindre... La France désire reprendre la partie du Congo qu'elle a dû céder à la suite des incidents d'Agadir, » et l'Angleterre a aussi des prétentions à faire valoir. Le lendemain, en effet, l'Angleterre se prononçait nettement contre le projet de neutralisation (2). Au reste, disait-elle, « les troupes allemandes de l'Est africain ont déjà pris l'offensive contre le protectorat anglais de l'Afrique centrale. D'autre part des troupes britanniques ont déjà attaqué le port allemand de Dar-ès-Salam... » (3)

Le sort en était donc jeté. Le 22 août, c'était un port belge du Tanganika, le port de Lukuga, qui était attaqué par les Allemands (4).

(1) No 74.
(2) No 75, du comte de Lalaing à M. Davignon, de Londres, 17 août.
(3) « La France est du même avis que l'Angleterre, vu l'activité allemande que l'on remarque près de Bonar et Ekododo »·
(4) No 76, télégramme du vice-gouverneur du Katanga, 26 août.

Pourquoi les Allemands ont-ils, d'eux-mêmes, renoncé au bénéfice de la neutralisation? Avaient-ils vraiment l'espoir insensé de profiter de la guerre pour réaliser le projet que leur prêtait dès 1911 un économiste belge, « d'effectuer... sur les rives du Tanganika la jonction des deux principales colonies germaniques »? Voulaient-ils simplement saisir des gages, s'implanter dans cette riche région du Katanga qu'ils avaient de tout temps convoitée? Toujours est-il que la défense de l'Est-africain allemand a été sérieuse, que souvent elle a procédé par l'offensive, que les Anglais ont même éprouvé dans ces régions d'indéniables échecs. Malgré le blocus, le travail accompli par les Allemands dans ce pays, leurs rails poussés jusqu'au Tanganika leur ont donné une situation très solide. Ce qui semble bien indiquer que l'Allemagne n'a pas renoncé à ses visées sur le Congo belge, c'est l'étrange proposition qui nous était faite en septembre dernier par le député *freisinnig* Friedrich Naumann (1).

Les Boers. — Du côté du Sud-Ouest africain, le plan allemand était savamment combiné (1).

(1) *Der deutsche Krieg*, 1914. Voir ci-dessus, p. 6.
(2) En octobre et en décembre les Allemands ont envahi l'Angola portugais.

Non seulement il débuta par l'occupation de Walfish bay, en septembre, mais il comportait l'hypothèse d'une révolte boer de l'Afrique du Sud. On saisit ici sur le vif les procédés de raisonnement, la logique politique des Allemands. Depuis qu'il existe un mouvement pangermaniste, depuis que les géographes du parti éditent des atlas et des brochures, c'est un article de foi pour tout Allemand que les Boers, étant d'origine néerlandaise, sont des « bas-Allemands », des *Niederdeutsche*. Donc ils doivent aspirer à se réunir au grand Empire. D'autre part, les Boers ont obstinément fait la guerre à l'Angleterre; ils ont été battus et conquis par les Anglais. Donc ils doivent frémir sous le joug.

Grâce à un admirable travail d'espionnage, à une action menée de longue main, les Allemands n'ont pas complètement échoué dans leur tentative. Il y eut des révoltes dans l'Afrique du Sud, et assez sérieuses pour donner des préoccupations au gouvernement du Cap (1). Mais la psychologie allemande s'était trouvée trop courte sur le point essentiel : elle avait compté sans le libéralisme de l'Angleterre envers les populations conquises, libéralisme qui amène avec

(1) L'un des chefs de la révolte n'était autre que le commandant des forces de l'Union, le général Beyers.

soi d'abord l'oubli du passé, qui permet ensuite l'établissement du *self-government*, qui finit même par développer chez les vaincus d'hier un réel sentiment de loyalisme envers le généreux vainqueur. Que l'Angleterre tolère un Botha, le héros de la guerre de l'indépendance, à la tête de la fédération sud-africaine, un Allemand ne peut voir là dedans qu'une preuve de faiblesse. Et que ce chef boer soit devenu l'un des piliers de l'Empire britannique, c'est là une chose que les Allemands n'ont pas encore réussi à comprendre.

L'Allemagne et l'Islam. — Mais leurs erreurs de psychologie furent encore plus graves, et de plus grande conséquence, en ce qui concerne l'Islam. Guillaume ne s'était-il pas proclamé l'ami des 300 millions de musulmans? N'avait-il pas débarqué à Tanger? Son amitié avec le sultan de Stamboul et avec le comité Union et Progrès ne lui permettait-il pas de déchaîner la guerre sainte? Or ses trois ennemies possèdent dans l'Afrique du Nord et de l'Ouest, dans l'Egypte et dans l'Inde, dans la Russie méridionale, le Caucase et l'Asie centrale des millions de sujets musulmans ; elles semblaient donc très vulnérables.

Ce n'est pas d'hier que l'Allemagne envisageait cette utilisation possible d'une révolte de l'Islam, et qu'elle avait, sur les données recueillies par ses savants, élaboré toute une théorie d'action mulsumane (1).

« Les Français, écrivait en 1910 un orientaliste notoire (2), les Français peuvent entreprendre ce qu'ils veulent, ils ne seront jamais en bons termes avec les musulmans. » L'idée d'amener les musulmans au service militaire universel, cette idée qui plonge les plus modérés et les moins francophobes des Allemands dans un indicible état de terreur et de colère, cette idée lui paraissait surtout « terrible » pour les Français, « une véritable idée de suicide ». Il envisageait comme peu dangereuse pour l'Allemagne l'action française au Maroc : « Les Français auront de gros efforts à faire pour soumettre le pays, des efforts énormes, car les Algériens à la fidélité douteuse sont tout proches, et n'at-

(1) Théorie cependant assez récente. En 1899, K. Hassert (*Deutschlands Kolonien*) reconnaissait que l'Islam, dans les colonies françaises et hollandaises, était plutôt favorisé que combattu. Il considérait d'ailleurs l'Islam comme un obstacle à tout progrès dans le sens de la civilisation européo-chrétienne : « Le fétichisme, écrivait-il, est notre allié naturel, le mahométan notre ennemi naturel ».

(2) Ewald Banse, *Orient : I. Die Atlasländer* (Teubner). C'est une négation radicale de l'œuvre de la France en Berbérie.

tendent que le *dies irae.* » Et, ce qui est bien allemand, bien révélateur de la façon dont l'Allemand comprend la domination des Européens sur les races arriérées ou retardées, la cause du prétendu échec de la politique musulmane de la France, il la trouvait dans notre mansuétude même, dans les efforts que nous avons faits pour modifier et reviser nos formules : par ces changements perpétuels, la France « ne s'est pas montrée aux indigènes comme infaillible, comme *vis major*, mais comme capable de commettre des erreurs et des fautes. »

Un esprit plus pondéré et plus équitable écrivait hier : « La France, malgré tous ses efforts et sa remarquable connaissance de l'Islam, n'a pas réussi à combler l'abîme qui sépare les chrétiens des musulmans » (1). Et un autre faisait entendre le même son de cloche : « Le Maroc est trop nouvellement conquis pour pouvoir être bien français, et même en Algérie et en Tunisie les sentiments hostiles ne sont pas éteints. La France est vulnérable précisément parce qu'elle possède beaucoup de terres musul-

(1) Becker, *Deutschland und der Islam.* Je n'ai pas eu entre les mains cette brochure (des *Politische Flugschriften*), analysée dans le *Bulletin du Comité de l'Afrique du Nord*, janvier-février 1915.

manes (1) ». L'Allemagne au contraire, n'ayant pas ou n'ayant que très peu de sujets musulmans (2), peut prendre la tête du mouvement d'affranchissement.

Ainsi donc ce *dies irae* dans lequel Algériens et Marocains, armés par l'imprudence française, s'uniraient pour jeter les Français à la mer, l'Allemagne s'emploierait volontiers à en provoquer l'avènement. Depuis plus de dix ans un vaste réseau d'intrigues allemandes avait été tendu dans l'Afrique du Nord, en Egypte et aussi — précaution prise contre l'allié douteux — en Tripolitaine. Tantôt c'était sous forme de missions scientifiques que se faisait cette propagande ; les congrès d'archéologues ou d'orientalistes (3) offraient libéralement aux professeurs allemands le moyen de parcourir le pays à peu de frais, de s'en aller de tribu en tribu, exploitant et grossissant les griefs (souvent trop réels) des chefs indigènes, leur promettant les faveurs du protecteur des croyants. On nous avoue

(1) Fr. Naumann, *Deutschland und Frankreich.*
(2) Sur la côte de l'Est africain.
(3) Par exemple celui d'Alger en avril 1904, un an avant le discours de Tanger. L'autorité militaire fut obligée d'interdire, au dernier moment, l'excursion projetée le long de la frontière orano-marocaine. Pour notre part, nous avons pu constater dans la région de Biskra les allures suspectes d'un professeur de civilisation byzantine !

aujourd'hui que « dans les colonies françaises et anglaises on trouvait, dans la demeure de beaucoup de musulmans, le portrait du Kaiser (1) ». Qui donc, en pleine paix, avait apporté ces portraits ?

Commerçants, industriels, entrepreneurs allemands s'associaient à ces menées. Au Maroc elles étaient facilitées par le régime des protégés, qui avait permis aux maisons et aux agences consulaires allemandes de grouper une énorme clientèle. Le nombre de ces clients, le faste des établissements allemands dans les villes, et jusqu'au palais, jusqu'aux jardins de rêve de la légation allemande à Tanger — face à face avec la trop modeste villa où résidait le représentant de la France — tout s'accordait à rehausser le prestige de l'Allemagne, d'autant plus que les concessions que nous imposait le régime d'Algésiras étaient prises par les indigènes pour de la faiblesse. Vis-à-vis de l'Espagne, n'a-t-on pas vu les frères Mannesmann, pour vaincre en décembre 1913 les résistances du ministre Dato, exciter la population de Tétouan à la rébellion, distribuer des munitions allemandes, parfois des drapeaux allemands dans les tribus, menacer de

_____

(1) Becker, *ouvrage cité.*

faire prêcher la guerre sainte par des émissaires
soi-disant venus de Stamboul?

Dans le fameux rapport secret présenté le
15 mars 1913 sur la nouvelle loi militaire allemande (1), on avait prévu la généralisation des
procédés Mannesmann (2). Dès la déclaration de
la guerre, il faudra « susciter des troubles dans
le Nord de l'Afrique et en Russie... Il est donc
absolument nécessaire que nous nous mettions
en relations, par des organes bien choisis, avec
des gens influents en Egypte, à Tunis, à Alger
et au Maroc, pour préparer les mesures nécessaires... Bien entendu, en cas de guerre, on
reconnaîtrait ouvertement ces alliés secrets...
*Un premier essai, qui a été fait il y a quelques
années* (3), nous avait procuré le contact voulu.
Malheureusement, on n'a pas consolidé suffi-
samment les relations ».

Pour ce mouvement, qui devra débuter par la
destruction des voies de communication, il
faudra trouver des dirigeants dans les milieux

(1) *Livre jaune*, annexe du n° 2. La presse allemande a nié
l'authenticité de ce rapport. Il faudrait alors admirer, chez le
faussaire, une merveilleuse connaissance des affaires allemandes.

(2) En avril 1911 (au lendemain des massacres de Fez) j'étais
obligé d'user de ruse pour empêcher un neveu de Mannesmann
de m'accompagner à Oudjda.

(3) Il serait bien intéressant de savoir à quelle date. Un faussaire n'aurait pas manqué de nous l'indiquer, 1905 ou 1911?

religieux ou intellectuels, spécialement en Egypte (1). En cas de victoire allemande, « les Arabes et les Berbères seraient pour une France vaincue un grave danger. Assurément, l'opposition contre les maîtres du pays a pris, depuis Abd-el-Kader, des formes nouvelles et plus modernes, mais les Algériens même les plus cultivés demeurent hostiles, sans parler des Marocains encore insoumis. La France sait sur quelle faible base repose pendant la guerre sa domination au Maroc. Le moment serait venu pour les Marocains de recouvrer leur indépendance, et même d'aller au secours de leurs coreligionnaires d'Afrique et de Tunisie » (2).

Telles étaient les espérances allemandes, et tels les moyens sur lesquels on comptait pour les réaliser.

Mais que d'erreurs dans ces calculs? Comme toujours, la *Gründlichkeit* allemande partait de faits réels, correctement observés. Le régime européen a certainement apporté aux indigènes de l'Afrique du Nord, à côté d'incontestables avantages, de non moins indéniables raisons de

---

(1) *Livre jaune*, nº cité.
(2) Becker, *ouvrage cité*. Il admet cependant que le facteur islamique ne peut devenir important que si les Allemands triomphent d'abord en Europe.

mécontentement; il a troublé leur vie sociale, il ne les a pas encore adaptés à une vie nouvelle. Il y a, dans la société musulmane, spécialement dans les couches éclairées de la société musulmane, un état d'esprit qu'un de nos meilleurs agents pouvait, en mars 1914, qualifier de « malaise indigène (1). » Ce malaise était accru souvent, aigri surtout, par les menus faits de la vie quotidienne, qui mettent l'indigène en contact et en conflit avec le colon. Il n'est pas un Tunisien ou même un Algérien cultivé qui n'oppose aux généreuses conceptions coloniales, parfois un peu utopiques, des Français de France, les théories des Français d'Afrique sur l'incompatibilité de la civilisation française et de l'Islam, et aussi les pratiques qui découlent de ces théories. L'exode d'une partie importante de la population, si douce et si fine, de l'arrondissement de Tlemcen, traduisait cet état d'esprit; et en Syrie, ces Tlemçanis devenaient tout autre chose que des agents de la France. Il y a des Jeunes-Tunisiens. Il y a surtout des Jeunes-Egyptiens, dont le nationa-

(1) De Billy, dans *Bulletin du Comité de l'Afrique française.* Comparez à cet article très pondéré les fameux articles anonymes de feu Paul Bourde dans le *Temps* (reproduits dans la *Revue indigène*). Au fond, M. de Billy est presque d'accord avec Paul Bourde.

lisme s'est déjà manifesté de la façon la plus violente ; c'est sur eux que l'ex-khédive Abbas-Hilmi comptait s'appuyer pour expulser les Anglais et ramener le régime turc. — Il y a un mouvement islamique dans l'Inde.

Tout cela est vrai. Mais une première et grave erreur était d'admettre, avec l'orientaliste Becker, que le nœud de la question musulmane était en Turquie. Croire à un panislamisme dirigé par le Khalifat, s'imaginer que les musulmans de l'Inde, de l'Egypte, de l'Afrique occidentale, du Caucase regardaient vers Constantinople, par réaction contre leurs maîtres, c'était s'imaginer ce que l'on désire. Les Marocains ont leur khalife chez eux, dont l'autorité religieuse s'étend même sur le Soudan nigérien; et dans le reste de l'Afrique du Nord il y a longtemps que le sultan des Turcs a perdu tout prestige. Les événements devaient montrer qu'il en était de même dans l'Inde. Nulle part la masse musulmane, nulle part même les docteurs de l'Islam n'ont pris au sérieux une guerre sainte, prêchée à la demande et pour la défense de deux empereurs *roumis*, en guerre contre d'autres *roumis*.

Enver-Pacha eut beau expédier au Maroc quelques émissaires turcs, porteurs d'une fétoua sur la guerre sainte, « dès le milieu d'août il appa-

raissait que l'on pourrait compter sur le loyalisme du Maroc (1) ». Le procès Ficke permit
de découvrir les fils de l'intrigue allemande au
Maroc, et aussi de constater l'échec de ces ten-
tatives. Les protégés allemands s'aperçurent, à
leur dam, qu'ils ne s'étaient pas rangés du côté
où Allah avait mis la force. L'énergie avec
laquelle le résident général, fit, au nom du chérif,
arrêter dès le 5 août tous les Austro-Allemands
de la zone française, ruina le prestige de nos
ennemis. La hardiesse avec laquelle, agissant
comme ministre des affaires étrangères du sultan,
il remit, le 8 septembre, leurs passeports aux
consuls d'Allemagne et d'Autriche-Hongrie à
Tanger et les embarqua en quelques heures,
cette heureuse hardiesse acheva d'éclairer les
hésitants. Enfin l'arrivée des convois de prison-
niers fut, pour cette population de sens avisé et
d'esprit très pratique, la plus convaincante des
leçons de choses. Il ne restait plus aux Allemands d'autres ressources que de faire répandre
par leurs journaux les plus graves des contes
des *Mille et une nuits* : Abd-el-Malek, fils
d'Abd-el-Kader, dirigeant une révolte générale,
prenant Taza et Fez, assiégeant Casablanca! Il

(1) *Bulletin Comité Afrique française*, mars 1915.

paraît que les bons bourgeois de Francfort et de Cologne ont dégusté ces inepties.

Les erreurs les plus lourdes commises par les Allemands, ce sont des erreurs sur le calcul des impondérables. Ils avaient mis dans un des plateaux de la balance les griefs des indigènes contre les colons; ils avaient oublié de mettre dans l'autre le respect que la France témoigne, traditionnellement, à la religion musulmane et aux institutions islamiques. Un Allemand, pénétré de la supériorité des races de maîtres sur les races d'esclaves, voit un signe de débilité dans le geste du Français qui chausse des babouches avant de fouler les tapis des mosquées algériennes; il ne comprend pas qu'en Tunisie l'administration française interdise même l'entrée des mosquées aux Européens. Que nous conservions un bey de Tunis et un sultan du Maroc, que nos résidents agissent comme ministres de ces chefs du peuple musulman, cela aussi est en dehors de la logique allemande. Comment s'en étonner, puisqu'aussi bien certains de nos compatriotes, colonisateurs impatients, ont souvent blâmé notre gouvernement de trop ménager l'Islam?

Comme nous sommes récompensés aujourd'hui de notre sagesse! La raison profonde de l'échec de la guerre sainte, c'est que les musulmans de l'Afrique du Nord ne se sont jamais sentis plus libres de pratiquer leur foi ; ajoutons que les oulémas n'ont jamais vu les biens habous donner d'aussi gros revenus (1).

Notre laïcisme, notre renonciation absolue à tout prosélytisme nous ont ici très bien servis. A la différence de ce qui s'est passé chez d'autres, jamais la conquête française en terre d'Islam n'a pris des allures de croisade. Aussi le résultat que l'Anglais obtient par son indifférence dédaigneuse à l'égard des *natives*, nous y

(1) La proclamation du bey de Tunis au sujet de la guerre sainte insiste sur « le respect des croyances et des traditions musulmanes, respect pour lequel le gouvernement protecteur nous a fait des promesses et donné des garanties. La France nous a en effet solennellement déclaré à plusieurs occasions qu'elle ne cessera de défendre et de sauvegarder ces croyances et ces traditions ». Les alliés, « par respect pour la religion musulmane », excluent du théâtre des hostilités les lieux saints de l'Islam. Aussi le Cheikh-ul-Islam tunisien et les confréries (comme les oulémas d'Egypte) ont déclaré qu'il n'y avait pas lieu à guerre sainte, et l'on a vu le fils du cheikh des Tidjania s'engager aux spahis. — Mêmes sentiments dans l'adresse des notables de Tombouctou, publiée dans le *Bulletin du Comité de l'Afrique française* d'avril 1915, p. 93 : « Nous avons pu observer en paix les pratiques de notre religion, en sorte que les fidèles ont pu se livrer à leurs prières, fréquenter les mosquées et s'adonner à l'étude du Livre saint. Cela nous fut facilité d'ailleurs par la remise en état des mosquées et la construction des médersas. C'est à cause de tout cela qu'est née notre amitié et notre affection pour le gouvernement français... » Il y avait eu une tentative de révolte, vite étouffée, dans la région.

sommes arrivés par le respect des consciences différentes des nôtres.

Une chose encore dont les Allemands n'ont pas su évaluer le poids, c'est cette chose mystérieuse, ou du moins incomplètement explicable, qui s'appelle le prestige de la France. Des obus allemands, le 4 août, tombent sur Bône et sur Philippeville. Le même jour, le gouverneur-général de l'Algérie, dans une proclamation aux indigènes, parle de « la nation du droit, de la générosité, de la justice » — et ceci est plus fort que cela. Ces mots magiques retiennent dans le devoir cinq millions d'indigènes, leur font oublier les plus réelles injustices, les indéniables violations de leur droit. Que d'espérances, que d'aspirations ces Arabes et ces Berbères mettent-ils donc en ce mot : France? Mais aussi quelle responsabilité ces espérances nous créent! Quel crime ce serait, et quelle faute, que de préparer à nos protégés une immense déception!

La proclamation de la guerre sainte a fini en comédie, en « cérémonie turque ». Malgré le fond que l'on faisait à Berlin sur les intellectuels égyptiens, même l'Égypte n'a pas été sérieusement inquiétée.

Les journaux allemands ont pu mettre le

cheikh des Senoussis à la tête d'une révolte; en réalité le cheikh a tenu à protester de sa loyauté à l'égard des Anglais. Les mêmes journaux ont pu promener un mahdi fantôme à travers le Darfour, lui faire anéantir des dizaines de mille hommes, le charger de faire sauter des trains militaires, même dans des régions où n'existe pas un rail, ces fantaisies n'ont trompé personne. Assurément, la position des Anglais en Egypte était plus délicate que la nôtre en Berbérie : pour les musulmans d'Egypte, le sultan des Turcs était encore le khalife; c'était aussi le suzerain; et le souverain nominal se trouvait auprès de lui, avec lui. Une victoire des Turcs sur le canal aurait pu provoquer un mouvement de nationalisme égyptien. Les Anglais surent à la fois détruire l'armée turque et donner aux musulmans la certitude que la victoire anglaise n'apporterait aucun trouble à leur vie religieuse et traditionnelle. C'est ainsi qu'ils ont pu réaliser sans dommage la redoutable opération de la dépossession du Khédive et de la création d'un sultanat d'Egypte. C'est ainsi qu'ils peuvent poser aujourd'hui — avec d'infinies précautions — la question plus redoutable encore du Khalifat.

Somme toute, le seul point sur lequel la politique islamique de Guillaume II ait obtenu quelque succès, le seul pays où il y ait eu un semblant de guerre sainte, c'est la Tripolitaine. Admirable manière de rassembler les morceaux brisés de la Triplice !

L'Allemagne s'est donc complètement trompée, en matière coloniale, dans son estimation des forces et des résistances. Son action maladroite a resserré le lien entre l'Angleterre et les colonies autonomes. Elle a fortifié la situation islamique de la France et de l'Angleterre, même de la Russie. Et le jour même où un conseil germano-turc décernait au dernier des Osmanlis le titre de *Ghazi*, des soldats musulmans débarquaient, sous le drapeau des alliés, à l'entrée des Dardanelles (1).

(1) Les Allemands commencent à se rendre compte de leur échec. Tandis qu'en septembre la brochure de Becker (*Deutschland und der Islam*) nous menaçait d'un soulèvement général de l'Afrique du Nord, celle de Kampffmeyer, *Nordwestafrika und Deutschland* (analysée par M. Augustin Bernard, *Bulletin Comité Afrique du Nord*, avril 1915, p. 87 et ss.) contient cette phrase découragée : « Dans la grande lutte actuelle, j'en ai la ferme conviction, l'Allemagne n'a rien à attendre de l'Islam dans l'Afrique du Nord ».

CHAPITRE V

LES RÉSULTATS COLONIAUX DE LA GUERRE EUROPÉENNE

Colonies et Métropoles. — Les indigènes de nos colonies. — La révision des actes internationaux. — Les futurs partages. — Des rapports entre les nations européennes et les populations indigènes. — De la nouvelle position des questions coloniales. — Des nouveaux sens du mot colonie.

Quels seront, pour l'évolution future des problèmes coloniaux, les résultats de la grande guerre?

Colonies et Métropoles. — Le premier résultat, c'est que les évènements ont répondu à cette question troublante que les bons esprits pouvaient se poser : en cas de guerre européenne, les colonies seraient-elles pour les alliés un poids ou un appui?

En ce qui touche les colonies autonomes, si elles n'avaient pas voulu prendre part à la lutte, l'Angleterre n'aurait certainement rien fait pour les y contraindre. Mais le loyalisme des Dominions n'a pas été platonique. La question que les conférences des « premiers » osaient à peine poser, à savoir la participation matérielle des colonies à la défense militaire et navale de l'Empire, cette question s'est résolue spontanément. C'est un navire australien qui a coulé l'*Emden* (1). Des contingents australiens et néo-zélandais ont collaboré à la défense de l'Egypte, avant de coopérer à l'attaque des Dardanelles. Les contingents canadiens viennent de se couvrir de gloire sur l'Yser, et d'autres contingents canadiens apparaîtront encore sur les champs de bataille européens.

Je sais bien que tout cela s'explique. Australiens et Néo-Zélandais ont saisi avec joie l'occasion d'expulser du Pacifique un rival déplaisant. Les Canadiens-Français ont salué avec enthousiasme une guerre qui leur permettait de concilier, avec l'amour qu'ils gardent à la vieille patrie, le loyalisme qu'ils doivent à la nouvelle. Les réserves autrefois formulées par sir Wilfrid Laurier visaient l'hypothèse d'une guerre franco-

(1) La capture de l'*Emden* par le *Sydney*, estime M. Ashley, vaut pour l'organisation impériale beaucoup plus que toutes les prises réalisées par l'*Emden*.

anglaise, non d'une guerre où les deux nations combattraient côte à côte. L'Angleterre, au lendemain de cette guerre, aura donc moins de raisons que jamais de regretter d'avoir créé autour d'elle une famille de nations libres.

Quant à l'Empire anglo-indien, cet Empire dont la révolte était escomptée, on sait quelle magnifique contribution il a offerte à son « Empereur » George V. Ce fut un coup de génie de Disraeli de restaurer pour Victoria le trône d'Aureng-Zeb. C'en fut un autre du ministère libéral de ramener à Dehli la capitale du Grand-Mogol. Une sorte d'enthousiasme féodal a saisi les radjahs; ils ont mis leur gloire à s'acquitter du service d'ost, tandis que les montagnards gourkhas et les Sikhs obéissaient à leur amour des batailles :

There was no room to clear a sword-no power to strike a blow,
For foot to foot, ay, breast to breast, the battle held us fast... (1)

Les indigènes de nos colonies. — En France, avant la guerre, deux théories étaient en présence. Les adversaires de la politique coloniale prophétisaient qu'en cas de guerre européenne

_____

(1) R. Kipling, *Barrack-room Ballads* (*With Scindia to Dehli*) : « Pas de place pour tirer une épée, pas moyen de frapper un coup, car pied à pied, poitrine à poitrine, la bataille nous tenait serrés... »

nous ne pourrions même pas ramener dans la métropole les troupes françaises établies dans nos colonies, non seulement parce que nous n'aurions pas la maîtrise de la mer, mais surtout parce que ces troupes seraient absorbées par la défense des colonies elles-mêmes, menacées à la fois par les ennemis du dehors et les révoltes du dedans. Notre immense empire — 10 millions de kilomètres carrés, peuplés par près de 50 millions d'hommes — pouvait sembler très fragile. Si l'ardent patriotisme des Français d'outre mer ne pouvait faire doute un seul instant, pouvait-on avoir la même confiance dans les dispositions des races si diverses que nous tenions sous notre domination?

L'un des gros arguments que l'on faisait valoir contre l'occupation du Maroc, c'est qu'elle immobilisait une cinquantaine de mille hommes, qui nous manqueraient au jour de la mobilisation.

Les partisans de ce que l'on appelle très improprement *l'armée noire* — faite de blancs, Berbères et Arabes, autant que de nègres — répondaient que nos colonies, surtout l'Afrique du Nord et l'Afrique Occidentale, seraient pour nous, quand nous le voudrions, un inépuisable réservoir de soldats. Ce projet soulevait en Allemagne, même chez les pacifistes, même chez

des Allemands relativement francophiles, une
véritable irritation. Il leur semblait injuste, contraire à leur idée du droit — le droit de chacun
étant proportionnel à sa force, — que la France
prétendît corriger par cet artifice son infériorité
numérique. Ils avaient gardé le terrible souve-
nir des turcos (1) et, en nous accusant d'employer comme auxiliaires des « sauvages », ils
s'essayaient à justifier par avance les méthodes
de guerre de leur grand Etat-major (2).

Or, qu'est-il arrivé? En fait, dans cet empire
si étendu et si divers, l'ordre n'a été sérieusement troublé nulle part. Le seul pays ancien-

(1) Déjà Treitschke, en 1871 (*Aufsätze*, t. III, p. 383) : « la
nouvelle troupe barbare des turcos... L'indulgence des conceptions modernes en matière de droit des gens permettait à l'empereur d'employer ces sauvages contre des soldats européens ».
Et ce qui est assez contradictoire, il raille, en des termes que ne
désavouerait pas son disciple le professeur Knatschke, « le cos-
tume de danseurs de corde des zouaves et turcos, combiné plutôt
pour la curiosité des Parisiens que pour la terreur de l'ennemi ».
Notez cette confusion entre zouaves et turcos qui reparaît
souvent dans les communiqués allemands.

(2) Dans une lettre du 19 août 1911, en pleine crise marocaine,
Wilhelm Förster m'écrivait : « Comment la France intellectuelle et
pacifique, la France qui est à la tête de la civilisation, envisage-t-elle
le projet, acclamé dans une importante réunion coloniale, d'une
armée nègre chez vous pour l'occupation de la frontière de l'Est
contre l'Allemagne? J'ai assuré mes amis d'ici que c'étaient là de
méchants rêves, qui fermentaient de temps en temps dans les
cerveaux des militaristes, mais avec lesquels la France cultivée
n'avait rien à voir ». J'ai beaucoup surpris mon correspondant en
lui disant que la France n'entendait pas renoncer à ce moyen de
défense.

nement pacifié où se soit produite une agitation suspecte, et qui à certaines heures a pu paraître dangereuse, c'est l'Indochine. Avons-nous simplement failli payer là les fautes commises dans ces dernières années? Avons-nous été victimes de la stupéfiante légèreté avec laquelle certains hommes d'Etat mettaient notre colonie aux enchères? (1) Avons-nous subi le contrecoup des évènements d'Extrême-Orient, de la rivalité sino-japonaise? Il est à l'heure actuelle impossible de le savoir.

Mais, de tous les points de notre Empire, les mobilisables sont partis pour la France, à l'heure dite. Non seulement nous avons pu dégarnir l'Algérie et la Tunisie de leurs troupes européennes et des unités indigènes déjà constituées, mais les engagements ont été nombreux. Le 4 août, le gouverneur-général faisait habilement appel aux « traditions chevaleresques » des musulmans. « Vos pères, disait-il, ont contracté avec nos soldats la sainte fraternité de l'héroïsme et de la mort ». Quelque temps plus tard, il constatait qu'il avait trouvé chez eux non seulement « fidélité et loyalisme », mais

(1) Sur la situation réelle de cette colonie, sur l'œuvre accomplie par la France en Extrême-Orient, voyez le récent *Atlas statistique de l'Indochine française* de M. Brenier (Hanoï-Haïphong, 1914).

« élan et enthousiasme ». — Le point sensible,
c'était, semble-t-il, le Maroc. Or, dès la mobilisation, le résident général pouvait envoyer en
France, par échelons, « toutes celles de ses troupes qui n'étaient pas absolument indispensables
à la conservation et à la sécurité des régions
occupées..., la plus grande partie des meilleures
unités du Maroc ». Le 14 septembre, il constatait le départ de plus de 3 divisions d'infan-
terie, d'une brigade de cavalerie, de deux groupes d'artillerie montée, de la plupart des troupes
du génie, « effort supérieur à celui que demandait le gouvernement, et qui ne semblait pas,
au début, pouvoir être donné ni avec cette
importance ni dans ce délai ». En retour, on lui
envoyait de France des bataillons territoriaux
et on l'autorisait à conserver réservistes et territoriaux sur place. C'est avec ces troupes que
l'on repoussait les assauts des Zaïan en août,
que l'on défendait Taza contre des groupements
dont les chefs « sont devenus les agents de
l'Allemagne », grâce au filtrage des Allemands
à travers la zone espagnole. Si, à la suite d'o-
pérations imprudentes, la situation a été critique
près de Kenifra en novembre, elle a été rétablie
depuis lors. Nous n'avons rien conquis, mais rien
abandonné. Et dans le Sous, en face du symbo-

lique Agadir, c'est un de nos clients, le pacha
de Taroudant, qui est allé rétablir l'ordre.

Il est superflu de rappeler la part glorieuse
que les troupes musulmanes du Maroc, à côté
de celles de l'Algérie et de la Tunisie, ont prise
à la grande guerre, et comment nos tirailleurs
eux-mêmes s'en vont arracher, sur le parapet
des tranchées ennemies, les placards rédigés en
arabe par lesquels les Allemands voudraient les
pousser à se rendre. Il est surperflu aussi de
dire le rôle des Sénégalais, rôle que la rigueur
de la saison rendait pour eux si pénible. Dès le
13 août, le lieutenant-gouverneur du Sénégal
écrivait dans le *Journal Officiel* de la colonie :
« Un si large mouvement de toutes nos populations indigènes en faveur de la France menacée
est réellement émouvant; il est la justification
de l'œuvre coloniale de la troisième République .
Il en souligne le caractère libéral et profondément humain ». L'armée noire a cessé d'être un
rêve, et si des raisons climatériques ne permet-
tent pas d'en généraliser l'emploi sur le théâtre
européen, l'armée musulmane de l'Afrique du
Nord s'est admirablement adaptée à sa fonction.

La cause des colonies s'est ainsi trouvée, définitivement, gagnée devant l'opinion publique,
en France comme en Angleterre. Il n'y a plus,

à l'heure actuelle, je crois, un seul Français, je
ne dis pas qui admette l'idée de l'évacuation
d'une de nos colonies (réserve faite de la prodigieuse erreur commise sur notre colonie d'Asie),
mais qui même se souvienne, d'avoir, en d'autres
temps, été hostile au principe de l'action coloniale. L'union sacrée s'est faite sur ce point.

**De la nouvelle position des questions colo-
niales**. — Cette admirable, cette unanime fidélité
de nos colonies et de celles de la Grande-Bretagne, leur participation à la lutte, ont changé
la position d'un certain nombre de questions
coloniales : question des rapports entre les
métropoles et les colonies, question des rapports entre les populations européennes et les
populations indigènes dans les colonies elles-
mêmes.

En raison du régime même des colonies françaises, l'ardeur avec laquelle nos colons sont
venus défendre le patrimoine commun, la générosité avec laquelle les assemblées coloniales
ont contribué aux dépenses de guerre, ne pouvaient avoir qu'un effet, resserrer encore les
liens d'affection qui nous unissent à nos compatriotes d'outremer. L'unité et l'indivisibilité de
la République englobe maintenant les terres

françaises du monde entier, les « Frances nouvelles » comme la vieille France.

Cependant, même à ne considérer que les
populations d'origine européenne, des questions
ethniques se posent dans nos colonies. Nous
n'avons aucune raison de supposer que les
120.000 naturalisés d'Algérie aient montré à la
patrie commune moins de dévouement que les
279.000 Français ou descendants de naturalisés,
ni que les 216.000 étrangers domiciliés en Algérie
aient causé le moindre souci au gouvernement,
pas plus que la centaine de milliers d'étrangers
qui vivent en Tunisie à côté de 40.000 Français.
Mais n'oublions pas que les circonstances nous
étaient, cette fois, particulièrement favorables ; la
quasi-totalité des étrangers et des naturalisés
proviennent en effet de deux pays qui avaient adopté
à notre égard, dès la première heure, une attitude de neutralité bienveillante, et dont l'un
s'orientait visiblement vers la Triple Entente.
Le problème n'en reste pas moins redoutable.
Et il faut songer à résoudre par des moyens
appropriés, surtout à l'Est de la Berbérie, la
grave question du peuplement français (1). Que
l'activité coloniale française puisse être à l'heure

(1) Jules Saurin, *le Peuplement français de la Tunisie*, 1910.

actuelle facilement dirigée sur l'Afrique du Nord, nous en trouvons la preuve dans l'accroissement extraordinairement rapide de la population française dans la plus jeune de nos colonies, le Maroc. Mais pour alimenter ce courant, il faut pouvoir lui fournir un abondant matériel humain, c'est-à-dire qu'il faut relever le taux d'accroissement de la population métropolitaine. Il ne nous servirait à rien d'avoir vaincu, si les femmes de nos soldats se refusaient aux devoirs de la maternité. Il ne nous servirait à rien d'avoir gardé nos colonies, si nous n'avions pas d'enfants pour les peupler.

La question des groupes ethniques se pose d'une façon plus complexe dans l'Empire britannique. Mais là surtout la guerre aura agi. A combattre sous les mêmes drapeaux, Boers et *uitlanders* se seront forgé une patrie. Les luttes entre gens de Québec et gens de Toronto ne peuvent plus avoir la même rudesse, depuis que les uns et les autres se sont fait tuer ensemble, entre des Français et des Anglais. Mais voit-on les Australiens se livrer à une guerre de tarifs contre la métropole, interdire le sol australien à des ouvriers anglais, maintenant qu'ils ont sacrifié leurs navires et leur jeunesse à la défense de la vieille Angleterre ?

L'Empire était une idée. La guerre n'en aura pas fait seulement une réalité politique, elle en aura fait un sentiment.

Elle aura aussi contribué à en faire sinon une unité, du moins une harmonie économique. Canadiens, Sud-Africains, Australasiens, se sont aperçus, comme les Anglais, que cette guerre était une guerre pour la domination économique du monde. Ce qui est en jeu, c'est le droit des communautés de civilisation anglo-saxonne, comme celui des communautés de civilisation néo-latine, à commercer librement entre elles à travers le globe, et à se réserver la propriété collective des marchés qu'elles ont conquis par leur labeur, parfois par leur sang. Elles ne permettront plus que des parvenus viennent s'implanter chez elles, en profitant de leurs divisions.

Je ne crois pas que nous verrons se réaliser le plan de Joseph Chamberlain, l'usine anglaise achetant les denrées de ses fermes ultramarines et leur vendant ses produits ouvrés ; car les fermes se sont développées sans se soumettre aux obligations d'aucun pacte colonial, et elles ont, chez elles, installé aussi des usines. Mais, sans aller jusqu'à un irréalisable *Zollverein*, il semble que le monde britannique marche vers une conception élargie de l'économie nationale.

Des rapports entre les nations européennes et les populations indigènes. — Bien plus profondément encore seront modifiés nos rapports, à nous tous Européens, avec les populations indigènes, surtout avec les populations musulmanes de nos colonies. On aperçoit tout de suite ce qui ne sera plus possible après la guerre : c'est une politique de domination qui reposerait exclusivement, principalement, sur la force. Entre les deux écoles, l'école pessimiste, celle qui refusait à nos protégés toute perfectibilité, qui aurait voulu leur interdire jusqu'à l'instruction, entre l'école de la matraque et l'école optimiste, celle qui faisait confiance à la fois à l'âme indigène et aux idées dont la France est le champion, les faits ont prononcé de telle façon que les partisans de la manière douce n'ont rien à regretter.

Des voix autorisées ont pris acte de ce jugement de l'histoire; elles ont émis, dans des circonstances solennelles, des paroles qui constituent un engagement pour l'avenir.

L'actuel gouverneur-général de l'Algérie ne passait pas précisément, avant la guerre, pour un islamophile. Il n'en est que plus significatif de l'entendre, devant une commission algérienne, signaler « la satisfaction que lui cause,

comme à tous les Français, l'attitude de la
population indigène », ajouter que « cette attitude contribuera puissamment à resserrer les
liens qui unissent Européens et indigènes ». Il
avait dit aux musulmans, le 4 août : « Vous
aimez à vous proclamer les enfants de la France ».
Loin de les menacer, de faire appel à la force,
il leur avait témoigné une pleine confiance :
« Aidez-nous... Rendez toute précaution inu-
tile ». Il avait fait miroiter devant leurs yeux
l'espoir des victoires communes : « Quand nos
étendards africains rentreront criblés de balles,
mais couronnés de trophées, vous revendiquerez
une large part de triomphe ». Il s'était même
vu obligé, pour ménager les ressources des
indigènes, de modérer le zèle avec lequel ils
voulaient souscrire pour les blessés et les
malheureux. De son côté notre résident-général
à Tunis, le 21 décembre, adressait des remer-
ciements émus à la Section indigène de la Conférence consultative.

Derrière les chefs de nos colonies, c'est l'opinion coloniale elle-même qui évolue. L'un de
ses principaux organes déclare que « la participation de nos colonies à la défense nationale
nous a créé... de nouveaux devoirs »... « Il est
certain, conclut-il, que *la question de la poli-*

*tique indigène dans l'Afrique du Nord se pré-
sentera après la guerre sous un jour nouveau* » (1). De même un des connaisseurs les plus
autorisés de la Berbérie, M. Augustin Bernard,
écrit que « le loyalisme dont ont fait preuve nos
sujets musulmans... crée entre eux et nous *des
liens d'affection que nous ne laisserons pas pres-
crire après la paix* (2) ».

Mais c'est en pleine guerre qu'avec une remarquable décision nos administrateurs ont commencé l'œuvre nécessaire. Dès le 3 janvier 1915,
un arrêté du gouverneur-général de l'Algérie
étendait les dispositions de l'article 5 de la loi
du 15 juillet 1914 (catégories exemptes des
peines disciplinaires) aux engagés dans l'armée
française, spahis auxiliaires, goumiers, aux
indigènes dont un fils a servi durant la guerre,
aux membres des djemmâas, aux ouvriers indigènes ayant séjourné une année ininterrompue
en France. « Les dispositions libérales du gouvernement, ajoutait-il, ne peuvent que se con-
firmer et s'étendre en présence des preuves d'at-
tachement et de dévouement données par les

(1) *Bulletin du Comité l'Afrique française*, août-décembre 1914 :
Cette participation « a vivement frappé l'opinion française. Nos contingents indigènes ont pris à la défense du territoire une part décisive,
et leur héroïsme s'est prodigué sur tous nos champs de bataille ».
(2) *Bulletin*, janvier-février 1915.

indigènes algériens depuis le commencement de la guerre. ».

Comment s'appliquera ce programme? Comment arriverons-nous à concilier le devoir de tutelle que nous avons assumé et que nous sommes encore tenus de remplir vis-à-vis des masses avec le respect de leurs droits et de ceux de l'élite? Ce sont là de délicats problèmes que l'on ne peut effleurer en passant. Ce qui est certain, c'est que ces problèmes se présentent désormais, on l'a dit, « sous un jour nouveau ».

Les futurs partages. — Mais la guerre n'a pas seulement agi sur l'essence même des rapports entre métropoles et colonies, entre nations dominantes et populations protégées, elle est en train de transformer la géographie politique de plusieurs parties du monde. Un Empire — le quatrième des Empires coloniaux — s'est écroulé. La disparition de ses derniers débris n'est plus qu'une question de temps. Comment va se répartir l'héritage? Quelles questions va soulever la succession?

D'abord, laissera-t-on se reconstituer, même sur une échelle restreinte, un empire colonial allemand? Nous ne sommes pas de ceux qui voudraient profiter de la prochaine victoire des alliés pour anéantir l'Allemagne. Nous croyons qu'il ne serait ni possible, ni juste, ni sage de refuser au peuple allemand des conditions acceptables d'existence (1). Mais nous ne voyons aucune raison pour lui laisser des dépendances extérieures. En droit, les puissances victorieuses ne sont pas tenues d'aider l'Allemagne à réparer la faute qu'elle a commise en jetant ses colonies dans la mêlée. En fait, l'Europe a déjà payé assez cher le tort qu'elle a eu d'aider l'Allemagne à rattraper son retard sur le terrain colonial. L'Empire allemand s'est montré un colonisateur médiocre, incapable de déverser sur les terres allemandes le flot cependant restreint de l'émigration allemande, de créer entre ses ports et les *Schutzgebiete* un courant économique considérable, incapable aussi de réduire, autrement que par l'extermination la plus sauvage, une race comme les Herreros. Il s'est révélé comme une puissance coloniale turbulente, agressive, toujours insatisfaite, perpétuelle semeuse de haine entre les autres nations coloniales, bref comme un élément contraire à l'intérêt collectif de l'Europe et de la civilisation générale. La politique coloniale des Mannes-

(1) *Revue politique et parlementaire*, 10 mars et 10 mai 1915.

mann au Maroc, de Maritz dans l'Afrique du Sud, des prédicateurs du *Djehad* en Tripolitaine est une politique jugée, et dont nous ne devons pas permettre le retour.

Assurément nous ne pouvons prévoir l'avenir, et nous savons que l'histoire ne s'arrêtera pas au lendemain du futur Congrès. Il est possible que, plus tard, la ténacité allemande profite d'événements nouveaux pour acquérir de nouvelles colonies. Mais, de l'empire colonial allemand tel qu'il s'était constitué depuis 1882-1884, rien, rien ne doit subsister demain. Il ne faut plus que, de Dar-es-Salam à Douala, des lignes de pénétration allemande puissent couper le Cap au Caire ou entamer le Congo belge. C'est entre la France, l'Angleterre et la Belgique que doivent se partager ces terres équatoriales; et, comme des raisons graves s'opposent à ce que le territoire belge soit, en Europe, considérablement accru (1), c'est le peuple belge qui doit recevoir, en Afrique, les plus larges compensations. Anvers reprendra ainsi son caractère de grand entrepôt « africain ». Il ne faut plus que l'Union sud-africaine sente peser sur elle la menace qui venait de Windhuk. Quant aux pos-

(1) Voir notre article cité de la *Revue politique et parlementaire*, 10 mars.

sessions allemandes du Pacifique, elles rentrent surtout dans la sphère d'action des Australasiens. Peut-être seront-ils obligés d'y faire des concessions à l'allié japonais, déjà maître de l'héritage allemand en Chine.

L'entrée en ligne des Etats-Unis, si elle venait à se produire, introduirait sans doute dans cette zone un nouveau copartageant.

La révision des actes internationaux. — Mais tout ne sera pas fini avec la destruction et le partage matériel de l'empire colonial allemand. Cet empire n'était pas fait seulement de réalités actuelles, il était fait de virtualités. Nous avons noté avec quel soin, dans tous les pactes internationaux, dans toutes les tractations politiques ou économiques relatives aux pays d'outremer la diplomatie allemande avait introduit des ferments qu'elle entendait faire lever à l'occasion. On a beaucoup parlé, à propos du Maroc, d' « hypothèques » allemandes. Mais il y avait partout des hypothèques allemandes : le Bagdad, sous couleur d'une simple entreprise de chemin de fer, était une hypothèque sur l'Anatolie et la Mésopotamie ; il aurait abouti, si les Anglais n'y avaient veillé, à une prise d'hypothèque sur le Golfe. Les antennes congolaises, nous l'avons vu, étaient une hypothèque sur la Belgique, mais il y avaît déjà des hypothèques de ce genre dans les actes vieillis de Berlin et de Bruxelles, comme dans celui d'Algésiras. Tous ces actes sont à reviser soigneusement, et la première tâche de la section coloniale du futur congrès devrait être d'en proclamer la caducité.

Il faudra expulser de ces actes le virus allemand. Non seulement l'Allemagne les avait conçus pour servir ses propres ambitions, mais pour diviser, pour dresser les unes contre les autres les nations coloniales. Il faudra donc, dans un esprit de loyale confiance, procéder à un travail général de mise au point. La répartition des zones d'influence entre Angleterre et Russie en Perse et dans l'Asie centrale devient relativement aisée, maintenant que les deux anciennes rivales n'ont plus à tenir compte de la présence, sur leur flanc occidental, d'un troisième larron. Quant à la carte d'Afrique, elle doit aussi être simplifiée; qu'on en fasse disparaître tous les « becs de canard » et toutes les « pointes de crayon » comme toutes les « antennes », figures bizarres qui n'avaient été imaginées que pour arrêter le développement normal des établissements européens et préparer des conflits. Dans ce partage, il sera sage que les alliés de la veille tiennent compte des besoins des alliés de la dernière heure, que l'Italie, par exemple, obtienne les voies de pénétration nécessaires à la prospérité de sa façade méditerranéenne (1).

Le système des hypothèques une fois inventé par l'Allemagne et pour elle, les nations coloniales, par souci d'équilibre, avaient consenti des hypothèques analogues à d'autres puissances. L'acte d'Algésiras est l'exemple le plus parfait de ces limitations internationales du droit de la puissance dominante. Il n'a plus de raison d'être. La dernière manifestation de son existence, c'est la promulgation, 16 jours après la déclaration de guerre, de la loi relative au Tanger-Fez. Mais rien ne doit plus s'opposer maintenant à ce que nous construisions les voies ferrées qui nous sont utiles. Il nous faut, après cette guerre née de la question marocaine, un Maroc libre. Il y restera déjà bien assez de délicates questions à traiter, celle de notre voisinage avec l'Espagne, celle de Tanger. Disons le tout de suite, et sans ambages : si désireux que nous soyons d'être agréables à l'Espagne, si bâtarde que soit la solution d'un port inter-

(1) On dit que ce point a été envisagé lors de la transformation de la Triple en Quadruple Entente. Le texte ci-dessus avait été écrit avant l'entrée en scène de l'Italie.

national, nous ne pouvons admettre que la porte
européenne du Maroc devienne, ouvertement
ou indirectement, un port espagnol. Un statut
de Tanger qui, sous prétexte d'appliquer bruta-
lement et hors de sa place le principe du suf-
frage universel, aboutirait à ne pas tenir compte
du rôle que nous jouons à Tanger, de l'œuvre
que nous y avons accomplie, de la place qu'y
tiennent nos capitaux, notre commerce, nos
écoles, un tel statut serait pournous inacceptable.

Des actes internationaux — particulièrement
de ceux qui ont depuis plùs de trente ans formé
une sorte de constitution africaine, — il ne faudra pas tout détruire. Car ces actes contiennent,
heureusement, tout un ensemble de dispositions
qui intéressent la civilisation dans son ensemble : mesures contre l'esclavage et la traite (1),
contre l'importation de l'alcool et des armes à
feu, mesures préservatrices en faveur des espèces
animales utiles, toute cette partie de la législa-
tion internationale africaine devra être con-
servée, comme une des œuvres qui, dans l'ensemble, font le plus d'honneur à notre temps.

Des nouveaux sens du mot colonie. — Conci-

(1) Acte général de Berlin de 1885 : art. IV, protection des
indigènes; art. IX, traite.

lier les aspirations légitimes de chacun, fixer le droit et défendre les intérêts des populations sujettes, servir la cause générale de la civilisation, tel sera, en matière coloniale, le programme du futur Congrès. Mais il n'aura pas seulement à liquider le passé. Il aura aussi à se poser des problèmes nouveaux. Nous avons noté l'élargissement progressif, depuis un demi-siècle surtout, du sens des mots *colonie* et *protectorat*. Ce sens va-t-il s'élargir encore? Il le semble, puisque les puissances vont avoir à se partager l'héritage de l'Empire ottoman. Nous ne nous hasarderons pas à tracer les lignes directrices de ce partage; car là surtout, à l'heure actuelle, il est impossible de dénombrer les peuples qui, pour avoir part au profit, solliciteront l'honneur d'être à la peine. Il nous suffit de voir dès à présent où sera, surtout, la part de la France, sur ces pentes du Liban où vit un peuple qui parle notre langue, et dont les cœurs nous appellent. Heureux épisode de notre histoire, puisque l'acquisition d'une terre lointaine sera en même temps l'application de la pure doctrine française, du droit des peuples à se choisir une patrie! (1)

1. Voyez comte Cressaty, *La France et la question syrienne* (*Revue politique et parlement.* 10 juin 1915) et les nombreux articles de M. Khaïrallah dans le *Temps.*

Mais pourra-t-on assimiler la Syrie française de demain — ou telle zone d'influence italienne ou anglaise — à une colonie? Assurément non, si l'on pense soit à un pays de peuplement européen comme le Canada, soit à un pays peuplé de noirs comme le Soudan.

Mais le protectorat libanais ou syrien ne ressemblera-t-il pas d'assez près au protectorat tunisien, plus encore au sultanat d'Egypte? Chacune des nations méditerranéennes aura ainsi dans sa clientèle des peuples qui ne sont ni des barbares ni des semi-barbares, des peuples qu'un mauvais régime politique et administratif a seul retardés dans leur développement. Le rôle des puissances protectrices sera d'exercer sur eux une sorte de tutelle bienfaisante, de les guider, d'aider à leur développement économique, d'assurer chez eux le respect des croyances religieuses et des institutions ethniques. Ce sera une politique d'influence plus que de domination.

La politique coloniale a été trop souvent, au xixᵉ siècle, elle tendait à rester, surtout sous l'influence de l'Allemagne, une politique de rapine et de proie; par l'élargissement des conceptions, par la variété des méthodes elle doit devenir une politique d'humanité.

Les peuples colonisateurs auront ainsi, dans

l'avenir prochain, à prendre en main la direction de véritables multitudes humaines, diverses de couleur, de sang, de religion, de culture. Une ville comme Londres, Paris ou Pétrograd, demain comme Rome, ne sera plus la capitale, au vieux sens du mot, d'un certain nombre de milliers de kilomètres carrés, peuplés d'un certain de nombre de millions d'habitants plus ou moins homogènes. Chacune d'elles, sera l'organe directeur, la conscience pensante et agissante de communautés multiples et variées, séparées souvent par de vastes espaces, unies cependant par des aspirations communes.

La cité antique était si petite que, du haut de son acropole, on en apercevait les frontières. Elle s'est élargie jusqu'à devenir la nation moderne. Un nouvel élargissement se prépare, qui rappelle par certains côtés la croissance de l'Empire romain, et grâce auquel certaines nations vont déborder sur le monde, assumant la charge de fragments importants de l'humanité. Puissent-elles, comme les Trajan et les Marc-Aurèle, assurer à leurs nombreux protégés, avec la liberté et la justice, la prospérité dans la paix!

TABLE DES MATIÈRES

—

Lightning Source UK Ltd.
Milton Keynes UK
UKHW031818060223
416559UK00010B/1746